Henning von Vogelsang

Die Armee, die es nicht geben durfte

Russen in deutscher
Uniform und ihre
Rettung in Liechtenstein

Vorwort: Fürst Hans-Adam II.
von und zu Liechtenstein

Gerhard Hess Verlag

Umschlagfoto: Liechtensteinisches Landesarchiv, Vaduz

Eines der bezeichnendsten und eindrücklichsten Bilddokumente aus jenen Tagen in Liechtenstein: Der Gesichtsausdruck des sowjetischen Offiziers in der Bildmitte, der auf den skeptisch und ratlos wirkenden russischen Offizier in deutscher Uniform blickt, spricht Bände... Hier sieht der Vertreter einer siegreichen Großmacht auf den besiegten Vertreter einer anderen Großmacht und auch der Vertreter einer Diktatur auf den einer anderen, untergegangenen Diktatur herab.

Mai 1995

Satz: STRAWBERRY, Wangen
Druck: Karl Nusser, Wangen
Printed in Germany
ISBN: 3-87336213-9

Dem Andenken der rund
zweieinhalb Millionen
antikommunistischer Russen
und Kosaken gewidmet, die
nach dem Vertrag von Jalta
an die Sowjets ausgeliefert
und damit fast alle wissentlich
in den sicheren Tod geschickt
wurden; Zugleich als Reverenz
an Nikolai Graf Tolstoy für
seinen tapferen Kampf gegen
das Vergessen, Verdrängen und
Leugnen der Unrechts von damals.

Ein kleiner Staat
muß heute
eine moralische Macht sein,
wenn er das Recht
zum Fortbestand
besitzen will.

Hilty,
Politisches Jahrbuch der
Schweizerischen Eidgenossenschaft, 1909

S. D. Fürst Franz Josef II. von und zu Liechtenstein und seine Braut Gräfin Gina v. Wilczek. Am 7. März 1943 wurde sie durch die Vermählung mit dem Fürsten in Vaduz Fürstin von Liechtenstein. Ihre Mutter hatte als österreichische Rot-Kreuz-Delegierte dem jungen Grafen Smyslowsky heimlich zur Flucht aus Rußland geholfen und ihm, da sie ihn so dem Zugriff der Bolschewisten entzog, das Leben gerettet. Sie starb bei der Geburt der Tochter, deren Gatte, Fürst Franz Josef, wiederum Jahrzehnte später durch seine Zustimmung zur Asylgewährung Holmston-Smyslowsky das Leben rettete...

VADUZ

Ich habe mich aufrichtig gefreut und bin stolz darauf, dass im Jahre 1945 Liechtenstein den Russen unter Generalmajor A.Holmston-Smyslovsky Asyl gewährt hat. Ich freue mich umsomehr, als trotz der grossen Pression, die ausgeübt wurde, und trotz des schlechten Beispiels der übrigen Staaten, diese bedauernswerten Flüchtlinge nicht ihren Henkern überführt wurden.

Schloss Vaduz,
am 7.Februar 1980

Franz Josef
Liechtenstein

S. D. Fürst Franz Josef II. von und zu Liechtenstein (1906 – 1989) schrieb diese Zeilen 1985 zur Enthüllung eines Gedenksteins in Schellenberg.

S. D. Fürst Hans-Adam II. von und zu Liechtenstein,
Staatsoberhaupt des Fürstentums Liechtenstein.

Vorwort

VADUZ

In einer Zeit, in der wir des vor 50 Jahren zu Ende gegangenen Zweiten Weltkrieges und der Beendigung einer menschenverachtenden Herrschaft gedenken, erscheint es mir sinnvoll, auf positives menschliches Handeln gerade in schwerer Zeit hinzuweisen. Denn der Mut, den man dazu braucht, sich nicht vom allgemeinen Pessimismus anstecken zu lassen, sich nicht der Verzweiflung zu unterwerfen und sichtbare Zeichen des guten Willens und der Nächstenliebe zu setzen, ist von grösster Bedeutung.

Liechtenstein hat in jenen Tagen des Frühjahrs 1945 in beeindruckender Geschlossenheit von Fürst, Regierung, Parlament und Volk gehandelt. Was heute - angesichts dieser kleinen Schar geretteter gegenüber der riesigen Zahl ausgelieferter und dann hingerichteter Menschen - so gelobt wird, war für die Menschen hier damals keine Heldentat. Man hat sich von Gastfreundschaft und christlichem Gewissen leiten lassen. Weder Drohungen eines anderen, heute glücklicherweise auch nicht mehr bestehenden totalitären Systems, noch damals bestehende eigene wirtschaftliche Sorgen oder andere Ängste änderten etwas an dieser Haltung. Ich freue mich, dass das in diesem Buch so eindrücklich und deutlich zum Ausdruck kommt.

Wenn wir aber auch heute noch mit Berechtigung stolz auf unser Handeln von damals sein wollen, dürfen wir das, so glaube ich, nur dann, wenn wir uns auch in Zukunft den Grundlagen des damaligen Tuns verpflichtet fühlen. Gerade auch im sich zusammenschliessenden Europa, in dem kleine Staaten wie der unsere ebenfalls ihren Beitrag leisten, müssen Humanität und Bewahrung positiver Werte Hand in Hand gehen.

Schloss Vaduz, 9. Mai 1995

Hans-Adam II.
Fürst von Liechtenstein

Schloss Vaduz · FL-9490 Vaduz · Tel. 41 75 232 12 12 · Telefax 41 75 232 68 62

Prolog

Zum Erscheinen dieses Buches ist es 50 Jahre her, daß der Zweite Weltkrieg sein Ende fand. Auf der ganzen Welt wird, je nach Betroffenheitsgrad, dieses Ereignisses in vielfältiger Form gedacht werden. Insofern ist dieses Buch nur eines von vielen und schildert auch nur eine von vielen Episoden des schreckensreichen Geschehens jener Jahre. Und doch möchte ich auf zweierlei Dinge hinweisen:
1. Die hier geschilderten Ereignisse sind durch eine glückliche Fügung festgehalten worden. Und es standen gerade noch genügend wichtige Zeitzeugen zur Verfügung, um die Authentizität des Buches sicherzustellen. Ausserdem, und das ist der für die Leserschaft dies Buches wohl interessanteste Aspekt, sind die hier geschilderten Ereignisse und die Umstände, die ihnen vorausgingen und folgten, einmalig gewesen. Dazu ein Beispiel: Als die zuständigen Beamten des Militärgeschichtlichen Forschungsamtes in Freiburg/Breisgau die Fakten, wie sie hier niedergeschrieben sind, in den Händen hatten, drängte es sie, mehr über diese ihnen bislang unbekannt gebliebene Episode zu erfahren, und sie suchten zu dritt jenen Truppenkommandeur auf, der unter dem Namen Boris Holmston-Smyslowsky, Generalmajor i. R., in Vaduz seinen Lebensabend verbrachte. Holmston, der wusste, daß der KGB (wie wir später lesen werden, zu recht) ihn immer noch gern in die Finger bekommen hätte, war aber sehr vorsichtig und verlangte vor dem Treffen, daß keine schriftlichen oder elektronischen Aufzeichnungen von dem Gespräch gemacht werden dürften. Dieses Gespräch fand in meinem Beisein in seinem Haus in der Vaduzer Fürst-Johannes-Strasse statt, es dauerte mehrere Stunden. Die Herren aus Freiburg waren vor allem zunächst hochbeglückt, daß sie unerwartet auf einen noch lebenden Zeitzeugen gestossen waren, der Generalstabsmitglied gewesen und Hitler begegnet war. Ausserdem konnte er ihnen viele wichtige Zusammenhänge verdeutlichen und das Wissen erweitern, dem sie als Historiker auf der Spur waren. In ihrem Hotelzimmer angekommen, verbrachten sie die Nacht damit, in einem Gedächtnisprotokoll niederzuschreiben, was sie erfahren hatten.

2. Seit dem Ende des zweiten Weltkriegs ist ein halbes Jahrhundert vergangen, seine Folgen aber sind noch heute ein mächtiges Element des Zeitgeschehens, nicht nur in Deutschland. Und sie haben das Leben der Überlebenden und Nachkommen nachhaltig beeinflusst und verändert, und zwar weit mehr, als es den meisten Menschen eigentlich bewusst oder sogar bekannt ist. Gerade die heute Heranwachsenden aber sollten eigentlich viel mehr über jene Zeit und die Ursachen dieses entsetzlichen Geschehens wissen, über die Mechanismen der Diktatur, Anpassung, Verdrängung und des Umgangs mit Schuld. Und daß diese Unterrichtung sogar schon viel früher hätte stattfinden müssen, belegt die Tatsache, daß, während die Folgen des nationalsozialistischen Herrenmenschen- und Rassenwahns noch nicht überwunden sind, diese Ideologie schon wieder Fuss gefasst hat. Zwar spricht man nicht mehr vom «unwerten Leben» oder der Euthanasie, denkt aber bereits laut über «unnützes Leben» nach, propagiert Beihilfe zum Selbstmord und kann ungebremst Theorien von der Tötung von Menschen über 80 publizieren. Und was KZ-Arzt Mengele in den Nazi-Labors an seinen jüdischen Mitmenschen ausprobierte, wird dank moderner Medizin und Forschung bereits praktiziert, indem man u. a. schon im Mutterleib die Nützlichkeit oder Gesundheit des vorgeburtlichen Menschen testet, um gegebenenfalls das Todesurteil auszusprechen und grausam zu vollstrecken. Ein anderes, längst für unmöglich gehaltenes Erbe ist die Verfolgung von Ausländern und Andersfarbigen, die Schändung der Friedhöfe Andersgläubiger und das Niederbrennen von deren Häusern. Sogar eine Synagoge wurde bereits wieder angezündet.
Und schliesslich ist ein weiterer Aspekt, der mit diesem Stückchen Kriegsgeschichte eben auch zu tun hat, daß die Vereinten Nationen 1995, das Kriegsende-Gedenkjahr und das Jahr des Erscheinens dieses Buches also, zum internationalen Jahr der Toleranz erklärt haben ...

Als die hier nachzulesenden Ereignisse erstmals auf dem deutschen Büchermarkt erschienen und dort wie an der Frankfurter Buchmesse Beachtung fanden, meldeten sich nach und nach immer mehr Zeitzeugen, die die Ereignisse interessiert hatte, darunter manche Weltkriegsteilnehmer. Sie alle faszinierte wohl am meisten, daß ein so winziger und unbedeutender Staat wie Liechtenstein gewagt hatte, was andere Staaten als aus diplomatischen Gründen undenkbar nicht gewagt hatten, wenn sie nicht sogar – siehe Jalta-Vertrag – schuldig wurden, ohne dazu wirklich gezwungen gewesen zu sein!

Adelbert Weinstein sprach darum 1980 im Vorwort zu der diesem Buch zugrundeliegenden ersten Publikation „Kriegsende – in Liechtenstein" von „humaner Kriegsgeschichte" als der Schilderung eigentlich voranzustellendes Motto: „Historisch handelt es sich um ein Nicht-Ereignis. Menschlich um eine grosse Tat." Weinstein u. a. weiter: „Holmston-Smyslowsky hat sich gewiß vorbildlich als Truppenführer verhalten. Doch hohe Anerkennung sollte denen gezollt werden, die die aufgezwungene Gastfreundschaft akzeptierten: dem Fürsten von Liechtenstein, seiner Gemahlin und den Liechtensteinern insgesamt. Da kam der Krieg in den letzten Stunden, sozusagen auf Krücken, in ihr Revier. Die Unerfahrenen wurden vor eine heikle Entscheidung gestellt. Doch sie meisterten die Situation. Liechtenstein erlaubte den Flüchtenden zu bleiben. (...)"

„Daß viele der Gestrandeten ihre Freiheit oder ihr Leben dann doch verloren, mindert das menschliche Verdienst der Liechtensteiner nicht. Manche der Russen, der Ukrainer, der Weißruthenen, oder anderer Angehöriger des Vielvölkerstaates der Sowjetunion, die sich dem Heimweh hingaben, sind später umgekommen. Sie glaubten an die verlogenen Versprechungen einer roten Repatriierungskommission. (...)

Allein Liechtenstein, der ‚kleine David ohne Schleuder', bot der Weltöffentlichkeit und den Weltmächten die Stirn. Für die Liechtensteiner waren die Männer, die auch unter dem Namen ‚Erste Russische Nationalarmee' zusammengefaßt waren, Unglückliche. Ihnen mußte man helfen. Der Fürst überantwortete diese Armee trotz heftiger Pressionen nicht dem Diktator im Kreml."

(Jalta - sowj. Hafenst. an der Krimküste, 81 000 E; Kurort; westl. ehem. kaiserl. Lustschloß Liwadia. - Febr. 1945 Konferenz v. J. zw. Roosevelt, Churchill und Stalin über die Nachkriegspolitik.)

Vielfach werden die hier geschilderten Ereignisse in Zusammenhang mit der berühmten Wlassow-Armee gebracht. Davon später mehr. Weinstein vergleicht die beiden Truppenführer so:

„Die Leute des Generalmajors Holmston-Smyslowsky hatten nichts mit der Wlassow-Armee zu tun. Sie waren ein weiterer ausländischer Splitterverband, der in Uniformen der Wehrmacht gegen die Sowjetunion kämpfen sollte. Aber ähnlich den Männern der ‚Russischen Befreiungsarmee' des Generals Wlassow durchlitten die Smyslowsky-Soldaten die gleichen Tragödien militärischer Existenz.

Die Parallele beginnt mit der Einstellung zum Kriegsverlauf. Wlassow wie Smyslowsky als Russen wußten, daß die Sowjetunion nicht durch militärische Kraft allein niederzuringen sei. Der Krieg mußte politisch gewonnen werden. Man mußte die russischen Gefangenen, die Überläufer und die Emigranten als politische Einheit ins deutsche Lager ziehen. Natürlich sollte das Militärpotential russischer Soldaten in deutscher Hand voll genutzt werden. Doch hätte man die unzähligen Anti-Kommunisten unter dem nationalen russischen Banner einigen müssen. Das hat das Dritte Reich nicht gewollt.
Dramatische Kulissenkämpfe begleiteten von Anfang an die Absicht weitsichtiger deutscher Offiziere und russischer militärischer Führer, einen ‚russischen de Gaulle' zu finden. OKH und OKW lagen mit der SS und der NSDAP, dem Sicherheitsdienst und der Gestapo, Rosenbergs Ostministerium und Ribbentrops AA in steter Fehde über die Art des Vorgehens. Hitler agierte wie eine Sphinx. Bormann beobachtete mißtrauisch Göring. In der Frage der Osttruppen war jeder gegen jeden. Sieger blieb, soweit es sich um Wlassow handelte, der Reichsführer SS. Holmston-Smyslowsky dagegen wurde vom OKH geschützt. Auch er war ein Opfer der „separatistischen Lösung". Die Partei hatte immer getrennte russische Militäreinheiten gewollt. Dies sollten möglichst Hilfswillige sein. Geschlossene operative Verbände lehnte man kurzsichtig ab. Die Absicht der Wehrmacht, intakte große Armeekörper aus dem russischen Menschenpotential zu entwickeln, wurde immer wieder

vereitelt. Nur in Einzelfällen entstanden unabhängige russische Einheiten. Auch Himmlers Initiative kam zu spät. So blieben denn die russischen Generale und ihre Soldaten bis zuletzt Männer ohne Fahne, Kämpfer ohne Vaterland, Hiwis der Nazis – Opfer einer Hybris. Liechtenstein stand außerhalb dieser Querelen. Doch der Leser muß wissen, wie uneinsichtig die deutsche politische Führung war.(...) Wlassow war ein Patriot, ein Soldat, der nationalrussisch dachte. Das bescheinigen ihm sogar seine Feinde. Er liebte sein Vaterland. Himmler, der unersättliche Sammler von Macht, wollte sich dieses Wlassows in später Stunde bemächtigen. Jahrelang hatte er ihn als Untermenschen beschimpft, im Februar 1945 wollte er ihn ausnutzen. Dem russischen General blieb gar keine andere Wahl, als in dem auseinanderbrechenden Reich mit dem zu verhandeln, der ihm scheinbar die letzte Chance bot. Wlassow verbündete sich mit Himmler in würdiger Form, ebenso souverän wie Holmston-Smyslowsky, der wenige Wochen vor dem Untergang seine Selbständigkeit vom OKH erzwang."

An einer Grenze, von der in jenen Tagen niemand sprach, die militärisch völlig uninteressant war – und das war ja 1945 zentrales Thema –, hat sich das in diesem Buch geschilderte Geschehen abgespielt, und zwar aller Skepsis zum Trotz so und nicht anders. Dennoch sind die damaligen Ereignisse bis heute beinahe vergessen geblieben ...
Die Geschichte endete in einer dunklen Nacht bei heftigem Schneetreiben an einem winzigen Grenzübergang zwischen dem Fürstentum Liechtenstein und dem damals zum Deutschen Reich gehörenden Österreich. Wenn wir uns diesem Geschehen zuwenden, so geschieht dies zwar, weil der Schlußstrich der vorausgegangenen Ereignisse so spektakulär gezogen wurde, angefangen hat alles aber bereits viel früher. Gesamthaft betrachtet haben wir damit eine sehr ungewöhnliche und faszinierende Episode des an sich an Ungewöhnlichem ja nicht armen Zweiten Weltkrieges vor Augen. Das neutrale Liechtenstein hatte sich an den Grenzen zu Österreich bzw. Deutschland eingeigelt: Stacheldrahtverhaue, Spanische Reiter, entlang der Grenze patrouillierende liechtensteinische Hilfspolizisten und Schweizer Grenzwächter sowie

Wer konnte, half, die Heimat zu sichern. Stehend: Simon Biedermann, vornübergebeugt sitzend: Franz Kieber und ganz rechts mit Schirmmütze Josef Brendle.

riesige auf Pfähle montierte Holztafeln mit Blickrichtung Himmel als Kennzeichnung des neutralen Liechtensteins für verirrte alliierte Bomber kennzeichneten die Situation schon äußerlich. Die Schweizer Grenzwächter waren sehr hilfreich für das armeelose Land; und man hatte einen völkerrechtlich tragbaren Modus für ihre Anwesenheit gefunden. Ferner hatte die Regierung „Maßnahmen zum Schutz der Bevölkerung im Falle des Einbezugs des Landes in kriegerische Ereignisse" erlassen, Lebensmittel waren rationiert, vieles knapp. Tagtäglich brandete nun, gegen Kriegsende, ein Flüchtlingsstrom auch an Liechtensteins Grenze bei Schaanwald, wo es dennoch keinen Einlaß gab, höchstens Verpflegung. Der kleine Grenzübergang bei Schellenberg in Liechtenstein war

5. Mai 1945: Diese Kinder, Rosmarie Biedermann und Frieda Meier, schauen nach Liechtenstein hinüber: Die Grenze zwischen Vorarlberg, hier bei Fresch, und Liechtenstein war damals provisorisch mit Stacheldraht gesichert. Fresch ist der direkt an Hinterschellenberg grenzende Ortsteil von Nofels/Vlbg.

wie die anderen auch bewacht, aber nur gering, denn seine Bedeutung war international betrachtet klein. Natürlich funktionierten die wichtigsten Nachrichtenverbindungen, und so wußten auch die Schweizer von einem anrückenden deutschen Militärverband, aber man erwartete ihn an der Grenze zwischen dem vorarlbergischen Tisis und dem liechtensteinischen Schaanwald. Dafür hatte nicht zuletzt der Befehlshaber jener Truppe gesorgt; als Chef einer Nachrichtentruppe ein mit allen Wassern gewaschener alter Taktiker, hinterließ er als Kriegslist doch nach einer Übernachtung eine wie zufällig vergessene Karte, die mit einer Einzeichnung eines Pfeiles bei Schaanwald versehen war und zwangsläufig auf den Versuch deutete, dort Liechtensteiner Boden zu betreten. Zu Täuschungsmanövern dieser Art hatte er allen Grund, denn

Die Überwachung der liechtensteinisch-deutschen bzw. österreichischen Grenze erfolgte während mehrerer Monate gemeinsam durch liechtensteinische Hilfspolizisten und schweizerische Grenzwacheangehörige. Wir sehen links im Bild Hilfspolizist Johann Frommelt aus Nendeln, weiter hinten Hilfspolizist David Mündle aus Mauren, vorn rechts den Schweizer Grenzwacherekruten Cavelti.

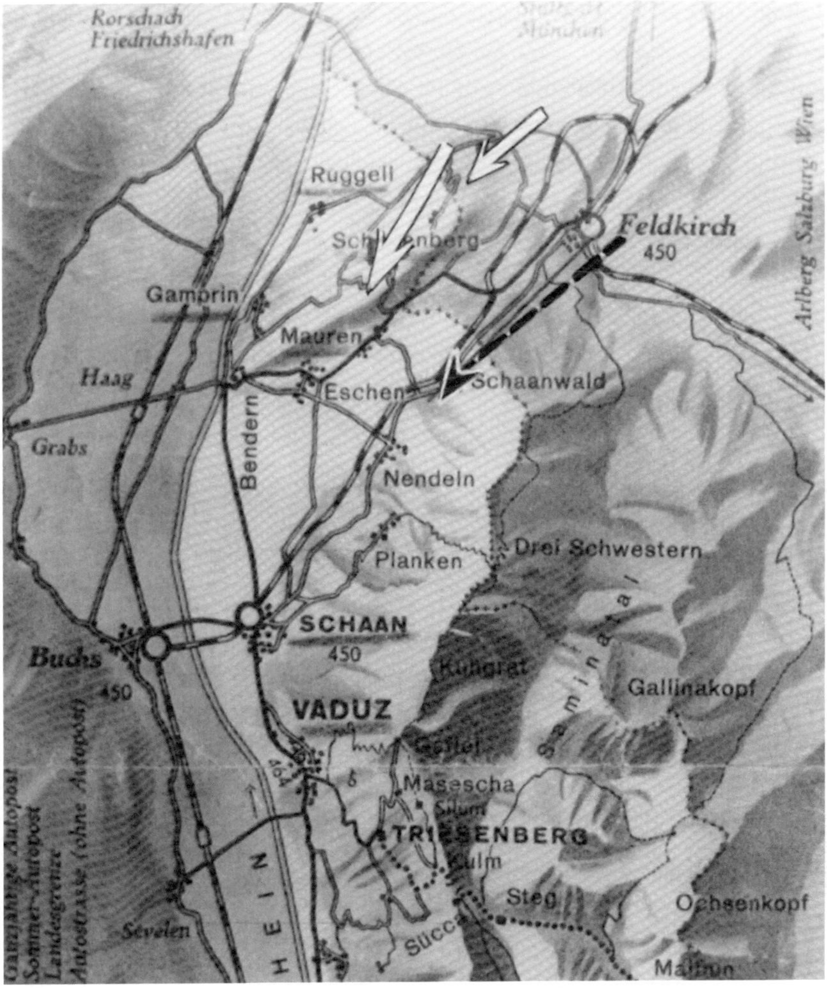

Der schwarze Pfeil zeigt die Stelle, die Holmston zur Täuschung seiner Verfolger und der Schweizer Grenzwache – erfolgreich – als Grenzübertrittsstelle markiert hatte: auf einer bewußt zurückgelassenen Karte in seinem letzten Quartier auf österreichischer bzw. deutscher Seite. Der weiße Pfeil zeigt den tatsächlichen Übertrittsort bei Schellenberg an. Die für ihn wichtigsten Orte in Liechtenstein hatte der General zusätzlich mit Rotstift markiert. Die Karte wurde ihm später von den Franzosen wieder ausgehöndigt: Der französische General hatte eine Nacht nach Holmston im gleichen Bett in Nofels geschlafen, wie Holmston vor dem Übertritt und die Karte tatsächlich gefunden ... Aber da war es schon zu spät.

ihm und seinen Männern warren schon länger nicht allein die Franzosen auf den Fersen, auch die SS als unerbittlicher Rächer an jenen, die wegen der hoffnungslosen militärischen Lage aufgeben wollten, und nicht zuletzt auch die Sowjets, denn obwohl sie nicht in diesem Raum vertreten waren, waren sie ja Alliierte und hätten so leicht an diese Männer herankommen können. Immerhin waren sie etwas Besonderes: Russen in deutschen Uniformen!

Es war ein seltsamer Zug, der sich da nachts zielbewußt auf Liechtenstein zubewegte: verschiedene Fahrzeuge, Pferde, Wagen, Karren, zahlreiche Soldaten und Offiziere, Waffen verschiedenster Art – etliche erbeutet – tragend, und einige Frauen.

Liechtenstein war gegen Kriegsende auch Durchgangsstation für viele auf der Flucht befindliche Menschen. Damals gründete Fürstin Gina das Liechtensteinische Rote Kreuz. Sie stand oft an der Grenze und teilte Suppe an die Notleidenden aus, von denen wohl kaum jemand ahnte, daß die freundliche Frau mit dem Kopftuch und im schlichten Kleid die Gattin des Staatsoberhauptes dieses Landes war, von dem die meisten wohl vorher allerdings auch nichts gewußt hatten... Das Bild zeigt aus dem KZ Dachau befreite Menschen, noch in Häftlingskleidung, auf dem Weg in die Schweiz und nach Frankreich.

Ein unblutiger „Einmarsch"

Trotz der Erschöpfung nähert sich die Kolonne auf dem aufgeweichten Boden rasch der Grenze, und trotz des Bemühens, leise zu sein, läßt sich das Kommen vor der liechtensteinischen Seite auf dem letzten Stück des Weges nicht mehr verheimlichen. Aber da tauchen die Fahrzeuge und Menschen schon auf; man erkennt zugleich, daß diese Truppen offenbar die Grenze zu überrollen gedenken. Zu weiteren Überlegungen reicht die Zeit nicht, zumal sie kaum weitergeführt hätten, so rätselhaft mußte dieses Unterfangen erscheinen, das allen Nachrichten, Nutzenerwägungen und politischen und militärischen Zielen widersprochen hätte. So bleibt nur Zeit zu ersten Kontaktversuchen gemäß den bestehenden Weisungen; sie fallen unbefriedigend aus – daher wird geschossen! Doch: niemand wird verletzt, und so bleibt es der Spekulation überlassen, ob es gezielte oder Warnschüsse waren und wie viele es gewesen sind, denn das ist durchaus belanglos. Aber eine klare, befehlsgewohnte Stimme ertönt laut und deutlich sofort, nachdem geschossen wurde: „Halt, nicht schießen! Hier ist ein russischer General!" Und das ist zweifellos das letzte, was die beiden Schweizer Grenzwächter erwartet haben...

Doch während sie noch versuchen, herauszubekommen, was hier eigentlich geschieht, strömt die rätselhafte Truppe bereits über die Grenze und macht erst ein ganzes Stück weiter halt - als feststeht, daß sie sich mit dem gesamten Troß bereits auf neutralem, auf liechtensteinischem Boden befindet. Also genau da, wo sie hinwollte.

Bevor wir nun weiter auf diese Geschehnisse eingehen, sind doch einige nähere Erklärungen notwendig, die unter Einbezug der Situation und der Vorgeschichte das Ganze verständlicher machen sollen. Zunächst zum Hintergrund aus heutiger Sicht.
In den diesem Buch vorangestellten zwei Sätzen des Fürsten Franz Josef von Liechtenstein - jenes Monarchen, dem die Hunderte von Verfolgten, um die es hier geht, ihr Leben verdanken - ist eigentlich alles enthalten,

Diese kleine Straße kamen die Soldaten in der Nacht vom 2. auf den 3. Mai 1945 bei Schneetreiben herauf. Im Hintergrund das Vorarlberger Rheintal.

was die tiefere Aussage dieses Buches ist: daß nämlich unerschrockenes Handeln gerade auch des Kleinen sehr wirkungsvoll sein kann, durch Beispiel wirkungsvoller als manches Säbelrasseln des Großen. Der Publizist und Generalsekretär des PEN-Clubs Liechtenstein, Dr. Manfred Schlapp, hat Liechtenstein Jahrzehnte später wegen dieser Einstellung und auch unter Einbezug der hier geschilderten Ereignisse recht treffend „David ohne Schleuder" genannt. Doch obwohl die nachstehend geschilderten Ereignisse durch eben dieses unerschrockene Handeln (durch Fürst, Politiker und Volk in einer Front übrigens) die eigentliche historische Dimension erhalten haben, geht es hier nicht ausschließlich darum, das Hohelied liechtensteinischen humanitären Geistes zu singen, auch nicht um eine Bewertung dessen, was diesem ganzen Geschehen vorausgegangen ist, sondern es geht um die Schilderung von Ereignissen, die in der erwähnten Beziehung für sich selbst sprechen und um die Schilderung eines so gut wie unbekannt gebliebenen Geschehens der letzten Tage des Zweiten Weltkrieges, das in seinen abenteuerlichen Konstellationen der Phantasie eines begabten Schriftstellers alle Ehre gemacht hätte. Den besonderen Reiz gewinnen die Berichte des Buches aber daraus, wahr zu sein.

Verordnung No. 2

für das Interniertenlager in Ruggell

Gestützt auf die besonderen Vollmachten der Regierung, L.G.Bl. No. 8, vom 30. Mai 1931 erläßt die hohe fürstliche Regierung zur Regelung des Arbeitseinsatzes der Internierten nachstehende Verordnung:

1. Die Internierten unterstehen auch im Arbeitseinsatze den Bestimmungen der Verordnung No. 1 vom 18. Mai 1945.
2. Jeder Internierte ist verpflichtet, jene Arbeit anzunehmen, die ihm von zuständiger Stelle zugewiesen wird. Das Arbeitsverhältnis mit dem Arbeitgeber wird durch Vertrag seitens des Arbeitsamtes geregelt. Jede private Vereinbarung ist ungültig.
3. Der Internierte hat grundsätzlich persönlich keinen Anspruch auf Entlöhnung.
4. Strafbar auf Grund dieser Verordnung wird insbesondere:
   a) Wer die angewiesene Arbeitsstelle ohne Erlaubnis des Arbeitsamtes verläßt,
   b) wer sich gegen den Arbeitgeber oder dessen Hausangehörige ungebührlich benimmt,
   c) wer die zu Recht geforderte Arbeitsleistung verweigert oder vernachlässigt,
   d) wer die öffentliche Ruhe und Sicherheit stört oder sich an fremdem Eigentum vergreift,
   e) wer sich den Anordnungen des Arbeitsamtes nicht bedingungslos fügt.
5. Die Strafverfügung ist grundsätzlich gleich der in der Verordnung No. 1 vom 18. Mai 1945, Punkt 8, festgelegt. 701

Vaduz, den 28. Mai 1945.

Fürstliche Regierung:
gez. Frommelt

Ein unliebsames Denkmal?

1980, zum 35. Jahrestag der Geschehnisse, um die es hier geht, wurde in der kleinen liechtensteinischen Gemeinde Schellenberg, wo die erschöpfte Truppe das Land betreten hatte und erste Versorgung fand, ein schlichter Gedenkstein errichtet. In den Jahren danach wurde vereinzelt die Meinung geäußert, es könne, da für die UdSSR ärgerlich, dem Weltfrieden nicht dienlich sein, solche Mahnmale zu errichten.

So intervenierten eines Tages zwei Herren beim Chef der Pressestelle der Fürstlichen Regierung in Vaduz, Walter Kranz, die sich als Tass- und Nowosti-Journalisten ausgaben, der Gedenkstein in Schellenberg trübe die guten Beziehungen zwischen Liechtenstein und der UdSSR. Die Regierung solle doch dieses störende Objekt entfernen lassen. Kranz erklärte ihnen, das sei Sache Schellenbergs; die Regierung habe keine Möglichkeit, der Gemeinde Schellenberg solche Anweisungen zu geben. Das verstanden die KGB-Offiziere, um die es sich gehandelt hatte, nicht. Sie zogen missgestimmt ab.

Doch die Ansicht der beiden Herren hiesse ohnehin, die Absicht eines

Denkmals zu verkennen, das nicht etwa revanchistischen Gelüsten und ähnlichem dienen kann und soll, sondern das nichts anderes aussagt als: hier gedenkt man schwerer Zeiten und einer mutigen Tat, die etlichen Menschen das Leben rettete. Immerhin eingedenk aber auch jener etwa zweieinhalb Millionen Russen und Kosaken, die dieses Glück nicht hatten, die ausgeliefert und damit der Auslöschung preisgegeben wurden. Doch davon später. Hätte aber dieses Denkmal nicht den Zweck, anstelle eines Triumphmals Mahnmal zu sein für humanitäres Denken und Handeln gerade dann, wenn es schwerfallen muß, dann hätte es wohl kaum der damalige Erbprinz und heutige Fürst Hans-Adam II., Liechtensteins Staatsoberhaupt, übernommen, das Denkmal zu enthüllen. Und im Geleitwort zu einer aus diesem Anlaß erschienenen Gedenkschrift schrieb der damalige Regierungschef Hans Brunhart: „Als bei Ende des Krieges 1945 Tausende von Flüchtlingen in unserem Land Schutz suchten, tat Hilfe not. Das Liechtensteiner Volk erkannte das Gebot der Stunde, den Vertriebenen, Verfolgten, Verarmten, soweit seine Möglichkeiten reichten, zu helfen, allen voran I. D. Landesfürstin Gina von Liechtenstein persönlich. Daß gerade damals das Liechtensteinische Rote Kreuz gegründet worden ist, vermag die spontane Hilfsbereitschaft der Bevölkerung unseres Landes in jenen Wochen größter Not noch heute augenfällig zu dokumentieren. Die Asylgewährung an die bei Hinterschellenberg in unser Land eingedrungenen Truppen der „I. Russischen Nationalarmee der Deutschen Wehrmacht" stellte den Landesfürsten und seine Regierung vor eine überaus schwierige Bewährungsprobe. Die Sowjetunion erhob massive Auslieferungsforderungen an unseren kleinen Staat. Es galt, die Standpunkte des Rechtsstaates, der Menschenrechte und christlicher Humanität gegen Großmachtansprüche und schwerwiegende politische Druckmittel durchzusetzen. Dank unbeirrter Haltung des Fürsten und der Behörden vermochte unser Land die Asylnahme der russischen Truppe erfolgreich zu verteidigen. Viele, vor einem ungewissen Schicksal Bangende konnten aufatmen."

Mit diesen Sätzen soll deutlich gemacht werden, welche Bedeutung die damaligen Ereignisse für das Land selber gehabt haben, obwohl man besser sagen müßte: bekommen haben – denn damals dachte man nicht lange nach, man handelte. So kommt es, daß die ganze Sache bislang in Liechtenstein kaum besonderer Erwähnung für wert gehalten, höchstens mit wenigen Sätzen abgetan wurde. Trotzdem erkannte man, daß die damaligen Geschehnisse festgehalten werden mußten, da Zeitzeugen noch zur Verfügung standen und die Hauptperson, General Holmston-Smyslowsky, ebenso wie sein damaliger Adjutant, ihren Lebensabend in Liechtenstein verbrachte. In einem Buch mit begrenztem Raum kann natürlich nicht jedes Detail verzeichnet werden, vieles muß daher unerwähnt bleiben, manches muß als bekannt vorausgesetzt werden. Wie auch immer: Schellenberg im Fürstentum Liechtenstein ist der einzige Ort auf der Welt, wo ein Gedenkstein solcher Begründung zu finden ist.

Für manche eine schmerzlich-unangenehme Erinnerung

Die Bewohner der damaligen Siegerstaaten wissen in der Regel um das düstere Kapitel der Auslieferung von zweieinhalb Millionen antikommunistischer Russen und Kosaken, die nach dem Abkommen von Jalta an die Sowjetunion übergeben wurden. Die Trauer darüber kommt auch aus der Erkenntnis des Versagens. Und vielleicht war es in den kleinen, überschaubareren Verhältnissen Liechtensteins durchaus etwas leichter, Widerstand gegen Auslieferungspläne von außen und innen zu formieren, der Druck allerdings blieb der gleiche: er war nicht nur durch eigene materielle Not und Enge, sondern auch durch das Bewußtsein gegeben, daß man sich da mit einem mächtigen und siegreichen Land in eine äußerst gefährliche Sache einlassen würde, wenn sich der Widerstand als allzu hartnäckig und lästig erweisen sollte. Es hätte in der Tat etliche Möglichkeiten für Moskau gegeben, dem kleinen Liechtenstein erhebliche Probleme zu schaffen; daß dies nicht geschah, ist unerklärlich und vielleicht mit den damaligen Wirren und anderen Problemen zu erklären, die die UdSSR hatte. General Holmston selber sah das anders. Er erkannte hinter dem Gesicht des Sowjetrussen immer noch auch die Mentalität seiner russischen Landsleute, die trotz aller politischen Schachzüge Respekt vor dem zeigen, der sich nicht einschüchtern läßt. Sie fühlen sich ihm in gewisser Weise sogar verwandt, sie sehen ihn als ebenbürtigen Gegner, den sie in Ruhe lassen, wenn sie seine Entschlossenheit erkennen – und die Sache nicht gerade existentiell wichtig für sie ist.

Merkwürdiger Name für einen Russen

Die Hauptperson dieser Ereignisse ist Generalmajor Arturo Holmston-Smyslowsky. Das ist nur teilweise der ursprüngliche Name. Der Name „Holmston" wurde während des Krieges gewählt, um – ebenso wie zuvor der Name „von Regenau" – die gegnerische Abwehr so lange wie möglich über die wahre Identität dieses Mannes im unklaren zu lassen. Der wirkliche Name lautet Boris Alexejewitsch Graf Smyslowsky. Wir werden an anderer Stelle noch mehr über ihn erfahren. Da der General nach Beendigung der Internierung in Liechtenstein mit zahlreichen Truppenangehörigen in Argentinien Aufnahme fand – durch Präsident Peron persönlich veranlaßt –, erhielt er einen argentinischen Paß, den er bis zu seinem Tod, über 90jährig in Vaduz im September 1988, hatte, daher die spanische Schreibweise des Vornamens: Dies ist also ein aus Einfachheitsgründen beibehaltenes Nachkriegselement.

„Die Verratenen von Jalta"

Die eingangs erwähnten Geschehnisse und die Auslieferung von rund zweieinhalb Millionen antikommunistischer Russen und Kosaken durch die Alliierten an die Sowjets gemäß dem mit Stalin in Jalta getroffenen Abkommen sind in dem 1974 erschienenen Buch „The Last Secret" (Das letzte Geheimnis) des britischen Autors Lord Bethell in ihren Hintergründen beleuchtet worden; später erwähnte auch Nicolai Tolstoy in seinem Buch „Die Verratenen von Jalta" die Geschehnisse um General Holmstons Truppe, einbezogen in eben jene Schilderung der Auslieferung in den Jahren 1944-1947. Die Tatsache, daß durchaus nicht alle von ihnen Sowjetsoldaten gewesen waren, vielfach nicht einmal Sowjetbürger, ist für unsere Geschichte nicht ohne Bedeutung, denn die I. Russische Nationalarmee mußte sehr konkret um ihr Leben fürchten, wäre sie den Alliierten in die Hände gefallen.

Dazu ein Beispiel: In einem dem Autor vorliegenden Schreiben eines deutschen Kriegsteilnehmers, verfasst am 3. Februar 1985, schildert dieser ein Erlebnis als Kriegsgefangener im Lager Wetzelsdorf bei Graz (Wachpersonal 9th Manchester Regiment), wohin er nach einer noch am 8. Mai 1945 erhaltenen Verwundung gekommen war. Er erinnert sich:

„Zusammen mit einem Feldwebel der Luftwaffe (von Beruf Gärtner) arbeitete ich für die Engländer. Wir beide erstellten gärtnerische Anlagen vor den Baracken und konnten uns während der Arbeit frei bewegen. Es war entweder Ende August oder Anfang September, als ich Augenzeuge wurde, wie etwa zehn bis fünfzehn Kosaken, die in deutschen Diensten gestanden hatten, auf einen Lastwagen steigen sollten, um abtransportiert zu werden. Die Leute weigerten sich ganz entschieden, den LKW zu besteigen, wohl ahnend, was ihnen bevorstand. Es ertönte ein Kommando, und die englischen Soldaten flitzten in eine Baracke und kamen sofort wieder mit MPs bewaffnet heraus, die sie auf die Kosaken richteten. Den armen Teufeln blieb nun nichts anderes übrig, als den LKW zu besteigen. Schon damals war es unter den Landsern bekannt, daß die armen Teufel zum Russen gebracht wurden und dort mit Sicherheit ein bitteres Ende fanden."

Soweit dieses Zitat als ein Beispiel von vielen solcher Fälle, die bekannt sind. Es ist vielleicht dazu geeignet, besser zu verstehen, was auch die Männer in Liechtenstein befürchtet haben, die das Wissen, von dem unser Augenzeuge schreibt, ja ebenso besassen. Selbstverständlich wusste auch General Holmston das genau und führte deshalb seine Truppe, die um den verlorenen Krieg und vor allem auch um die verlorene Hoffnung der Befreiung Rußlands vom stalinistischen Terror ebenso wußte, in Sicherheit. Daß *alle* diese unglücklichen 2 1/2 Millionen hingerichtet oder in Zwangslagern zugrundegerichtet wurden, ist eine unter Historikern weitverbreitete Ansicht, die nun durch die Erhellung der liechtensteinischen Geschehnisse widerlegt wird. Wie gesagt: den Krieg selber hatte das Land nicht direkt erlebt, wohl aber natürlich seine Auswirkungen, die Bedrohung, und schließlich hätten ein paar verirrte Bomben bei rund 160 qkm Fläche die Menschen in Liechtenstein so gut wie ausrotten können. Der inzwischen gestorbene, früher in Lindau/Bodensee lebende deutsche Historiker Prof. Dr. Claus Grimm hatte vor einigen Jahren in einer kleinen Schrift des Historischen Vereins für das Fürstentum Liechtenstein die damaligen Ereignisse aufgrund eines ersten Kontaktes mit dem General zusammengefaßt. Als der General, wie wir ihn der allgemeinen Gepflogenheit entsprechend in diesem Buch nennen wollen, dann zu einem ersten Zusammentreffen von seinem damaligen Wohnsitz an der Côte d'Azur aus mit den seinerzeit aktiven schweizerischen Grenzwächtern und den liechtensteinischen Polizisten zusammenkam, benutzte der Autor des vorliegenden Buches die Gelegenheit, die Sache aufzugreifen und erstmals genauer zu erforschen und darzustellen. Die Erinnerungen, Aufzeichnungen und Dokumente des Generals sowie Augenzeugenberichte, Lokalaugenscheine und Quellenstudien in Liechtenstein sowie die Mitarbeit der Schellenberger Kulturkommission waren während der nun folgenden Recherchen und zahlreichen Interviews, vor allem mit General Holmston und seiner Frau, dazu geeignet, manches Unbekannte herauszufinden.

Das „bequeme Einfallstor"

In einer „Kundmachung der Fürstlichen Regierung" unter Dr. Alois Vogt vom April 1945 heißt es, daß „ein Bodenstreifen von 10 Metern längs der Grenze im Norden nicht bepflanzt werden darf". Es solle ein Stacheldrahtzaun in einer Tiefe von fünf Metern von der natürlichen Grenze des Rheins bis zum „Maurer Berg" angebracht werden. Die Entwicklung der Kämpfe im süddeutschen Raum gebe zu Besorgnissen Anlaß. Wie die Schweiz für die Abriegelung der Ostgrenze Sorge trage, müsse auch Liechtenstein das bequeme Einfallstor im Tale schützen, hieß es. In weiteren Weisungen wurde gebeten, die durch die Lage voll in Anspruch genommene Regierung nicht mit „minderwichtigen" Angelegenheiten zu behelligen, es wurde darauf verwiesen, daß als einziger Ort des Grenzübertritts zum Deutschen Reich (Vorarlberg gehörte ja zur „Ostmark") nur Schaanwald zur Verfügung stehe und auch das nur bei der Rückkehr von den Schweizern oder Liechtensteinern. Ferner wurde um Geld-, Lebensmittel-, Lebensmittelkarten- und insbesondere Brotcoupon-Spenden zur Linderung des Flüchtlingselends gebeten. Für den Kriegsfall, also den Einmarsch fremder Truppen aus welchen Gründen auch immer, waren Sonderweisungen ergangen, die zweifellos auch im Falle der Truppe General Holmstons eingetreten wären, wenn dieser Grenzübertritt nicht so überraschend vonstatten gegangen wäre. Mangels Sirenen sollten die Kirchenglocken Sturm läuten, die Bevölkerung sollte sich „mit ihrer Viehhabe" in den nächstliegenden Wald begeben und größere Straßen meiden, die Häuser sollten offenbleiben und an den Fenstern weiße Tücher herausgehängt werden. Jeder Widerstand sei zu unterlassen. Wie bedrohlich und unsicher die Lage war, wie wenig man noch auf die Einhaltung einer festen Ordnung und die Respektierung der liechtensteinischen Neutralität baute, verdeutlicht auch dieser Satz: „Bis zur endgültigen Besetzung Vorarlbergs soll die Bevölkerung des Unterlandes sich möglichst wenig auf den Feldern aufhalten." Es stellte sich heraus, daß einige diese Weisungen sofort befolgt und den Hinweis, daß dies reine Vorsichtsmaßnahmen seien, übersehen hatten. Allmählich beruhigte sich die Lage jedoch, wenn man auch festhalten kann, daß das

Erscheinen der fremdsprachigen Soldaten in deutschen Uniformen Anfang Mai 1945 zu wild wuchernden Gerüchten und Spekulationen führte, die erst allmählich besseren Informationen wichen.
Der bereits erwähnte Gedenkstein in Schellenberg verweist den Vorbeikommenden in wenigen Worten darauf, daß sich hier Anfang Mai 1945 Außergewöhnliches abspielte:
Hier in Hinterschellenberg überschritten in der Nacht vom 2. auf den 3. Mai 1945 die asylsuchenden Reste der „1. Russischen Nationalarmee der Deutschen Wehrmacht" unter Generalmajor A. Holmston-Smyslowsky – etwa 500 Personen – in voller Ausrüstung die Großdeutsche Reichsgrenze nach Liechtenstein. In der „Wirthschaft zum Löwen" fanden die ersten Verhandlungen statt, die zur Asylgewährung durch das Fürstentum Liechtenstein führten. Als einziger Staat widersetzte sich Liechtenstein damit den sowjetischen Auslieferungsforderungen. Nach 2 1/2 Jahren wurde den Russen die Ausreise in ein Land ihrer Wahl ermöglicht.
Rolf Hochhuth schrieb im Mai 1984 in der „Weltwoche": „... Es dürfte der Katholizismus des Fürsten von Liechtenstein gewesen sein, der ihm – und ihm allein unter allen Staatsmännern 1945 in Europa – vorgeschrieben hat, das Urgesetz der Gastfreundschaft heilig zu halten und sich in absolut keine Diskussion darüber einzulassen, ob Asylanten ausgeliefert werden dürften. Franz Josef II. verdient den Respekt der Nachwelt, denn in einer Umgebung, die ihn bedrängte, die 500 Russen auszuliefern, stand der mutige Fürst mit seiner Regierung und den liechtensteinischen Bürgern auf einsamer Klippe."

Wie es begann: vom zaristischen Garde-Offizier zum deutschen Wehrmachtsoffizier

Als sich im Frühjahr 1941 die militärische Konfrontation zwischen dem Deutschen Reich und der Sowjetunion als unvermeidlich abzuzeichnen beginnt, tritt der Vorsitzende der „ROWS" (Russischer Allgemeiner Militärverein – in Emigration), General von Lampe, an den Oberbefehlshaber des deutschen Heeres, Generalfeldmarschall von Brauchitsch, heran, um die Möglichkeit einer Zusammenarbeit zu besprechen. Auf die Gründe, die ihn zu diesem Angebot an die Armee eines Staates, dessen Ideologie den Russen an sich fremd war, veranlaßten, kommen wir noch genauer zu sprechen. Es kommt jedoch zu keiner Vereinbarung, weil Hitler sie ablehnt. Er war fremden Soldaten in der Wehrmacht immer mißtrauisch gegenübergestanden und blieb es Zeit seines Lebens; daran ändert auch seine spätere Einwilligung zum Einbezug fremder Heere in die Kämpfe nichts. Auf die politische und militärische Entwicklung sollte sich dies dann auch negativ auswirken. General Holmston sah noch vierzig Jahre nach Kriegsende dieses Mißtrauen als einen der wichtigsten Gründe dafür an, daß Hitler in Rußland unterlag, denn eine Befreiung der Menschen der UdSSR vom an sich gehaßten Stalin-Regime ohne Unterwerfung des Volkes hätte das Kriegsgeschehen für die Deutschen entscheidend beeinflussen müssen. Die Situation ist eindeutig, so daß sich General von Lampe entschließt, seinen Offizieren freizustellen, nach eigenem Ermessen zu handeln. Und hier nun tritt erstmals „unser General" auf, damals noch der russische Gardehauptmann Boris Graf Smyslowsky, der sich später, nach einem angeheirateten schwedischen Onkel, Holmston nennen sollte. Er übernimmt nun die weiteren Verhandlungen mit dem Oberkommando des Heeres (OKH).

Der am 3. 12. 1897 im damals noch finnischen Terrijoki geborene Graf war bereits als Kind, ohnehin einer traditionsreichen Familie hochdekorierter Militärs entstammend, in die militärische Laufbahn eingetreten. 1908 fand er Aufnahme im Kadettenkorps „Kaiserin Katharina II.",

absolvierte in St. Petersburg die Michajlowska-Artillerieschule, wurde 1915 Leutnant im 3. Gardeartillerie-Regiment, kam an die Front, als Achtzehnjähriger. Es folgten schlimme Jahre für sein Vaterland, für seine Angehörigen und ihn selber. Die inzwischen ausgebrochene Revolution und das Kriegsende erlebte er in St. Petersburg, wohin er an die Generalstabsakademie abkommandiert worden war. Aber die Zarenherrschaft war zusammengebrochen, es fanden blutige Auseinandersetzungen statt, und nun war er seines Lebens nicht mehr sicher. Immerhin war er der Enkel des Generalgouverneurs General Malachoff von Moskau, der 1905 den revolutionären Aufstand niedergeschlagen hatte, war außerdem Patenkind der Schwester der Zarin, repräsentierte also in allem das, was die Bolschewiki besonders heftig verfolgten. Sein Vater, echter Patriot, war aus deutscher Kriegsgefangenschaft in die Heimat zurückgekehrt, wurde aber verhaftet und starb nach der Flucht seines Sohnes später in einem bolschewistischen Konzentrationslager, und auch andere Verwandte mußten sterben. So blieb ihm nur, solchem Schicksal durch Flucht auszuweichen. Er entkam mit einem österreichischen Gefangenentransport, als österreichischer Kriegsgefangener getarnt, dank der mutigen Hilfe der österreichischen Rotkreuzdelegierten Nora Gräfin Kinsky, die übrigens später einen Grafen Wilczek heiratete und eine Tochter bekam, die Gina Fürstin von Liechtenstein wurde: Gattin jenes Fürsten Franz Josef II., der dem Gardeoffizier Graf Smyslowsky und späteren General Holmston durch Asylgewährung 1945 das Leben retten sollte!
Glücklich entkommen, stieß er 1918 zur Weißen Armee, in der er zwei Jahre lang gegen die Rote Armee kämpfte. Im März 1920 erfolgte die Internierung seiner Truppe in Polen, der sich der nunmehrige Zivilist Holmston durch die Flucht entzog. Er wurde Vertreter, dann Sägereigehilfe. Die Zukunft war ungewiß. Doch wie schon zuvor und auch später: immer wieder spielte der „Zufall" mit (H. überschrieb später seine Lebensgeschichte „Auf magischen Wegen"): Bei einem Besuch in Berlin erkannte ihn auf der Straße ein einstiger Kriegskamerad, Baron Kaulbars, ein ehemaliger russischer Garde-Ulan, der in der „Abwehr" der laut Versailler Vertrag den Deutschen erlaubten Hunderttausend-

Mann-Armee diente; „Abwehr" war die Tarnbezeichnung für den militärischen Geheimdienst, der Holmston nun anwarb. Ende der zwanziger Jahre übernahm diesen Geheimdienst dann der damalige Kapitän und spätere Admiral Canaris (1. 1. 1887 – 9. 4. 1945, Admiral und Chef der Abwehr im Oberkommando der Wehrmacht. Hingerichtet im KZ Flossenbürg). Zugleich wurde Holmston im deutschen Generalstab ausgebildet (Truppenamt/Kriegsakademie). Keineswegs eine Verlegenheitslösung oder eine neue Beschäftigung mangels Gelegenheit zur Ausübung der alten, im Gegenteil: Zielbewußt setzt Holmston seinen Weg fort. Und ist sich darin mit seinen Gesinnungsfreunden, den patriotisch denkenden Russen einig: Befreiung Rußlands vom Stalinismus. Das ist nach ihrer Ansicht allein von außen möglich. Dank des allmächtigen Geheimdienstes MGB (= russ. Abk. für Ministerium für Staatssicherheit, 1954 im KGB = Komitet Gosudarstwennoj Besopasnosti, Komitee für Staatssicherheit, aufgegangen) ist das unterdrückte Volk nicht in der Lage, eine Systemänderung herbeizuführen. Aber erst später wurde diesen Männern klar, daß sie den Teufel nicht mit Beelzebub austreiben konnten. Doch waren sie bekanntlich nicht die einzigen, die zunächst auf die Propaganda hereinfielen, den Raubüberfall auf das sozusagen „verbündete" Sowjetrußland als „Kreuzzug gegen den Bolschewismus" zu tarnen ... Natürlich hegt der erfahrene Generalstäbler Holmston über die deutschen Kriegschancen bald keine Illusionen mehr; trotzdem bleibt er seiner Überzeugung treu, die mit ihm auch jene bereits im Herbst 1942 auf deutscher Seite kämpfenden 1 080 000 Russen teilen, daß man nämlich nicht mit dem Nationalsozialismus sympathisieren muß, um das Vaterland zu befreien; sie sehen darin, sich dieses Heeres zu bedienen, die einzige Chance, ihr Volk zu retten. Wie dieses Bestreben endete, ist bekannt. (Die vor allem durch die Alliierten erfolgte Auslieferung von über zweieinhalb Millionen antikommunistischer Russen und Kosaken an die Sowjets vor und nach Kriegsende aufgrund des bereits erwähnten Jalta-Abkommens ist bis heute nicht nur umstritten, sondern wird allgemein als völkerrechtswidrig bezeichnet, zumal das US-State Department schon vor Vertragsabschluß völkerrechtliche Bedenken anmeldete. Und so wurde dies zur schweren Bela-

stung des freien Westens.) Übrigens hatte Holmston, der Hitlers Siegestraum angesichts der gewaltigen Übermacht seiner militärischen Gegner für eine aussichtslose Idee hielt, stets die Ansicht vertreten, daß das russische Volk zahlenmäßig und biologisch so stark sei, daß es sich vor einem „Verschlungenwerden" durch das deutsche Volk nicht fürchten müsse. Die russischen freiwilligen Kämpfer ginge dieser Krieg gegen die Angelsachsen, Franzosen und Polen nichts an, das müsse eine rein deutsche Angelegenheit bleiben. An diesem politischen „Credo" hielt Holmston bis zum Ende des Krieges fest.
Ein amerikanischer General richtete 1947 die Frage an Holmston, warum er „auf der Seite der deutschen Kanaillen gegen sein russisches Vaterland gekämpft" habe. Holmston: „Ich habe mit Deutschland gegen einen Feind gekämpft, gegen den Sie morgen kämpfen werden...".

1941, Hauptquartier der Heeresgruppe Nord: Major Holmston, der sich damals aus Geheimhaltungsgründen „ von Regenau " nannte, rechts, im Wagen stehend und damals sein erstes Nachrichtenbataillon führend, mit Oberstleutnant Hemprich und, neben dem Wagen, Oberleutnant Ivers.

Die Dinge geraten ins Rollen...

Der Krieg mit der Sowjetunion ist ausgebrochen: Sonderführer K. (Hauptmann) Holmston wird im Rang eines Majors im Generalstab in das deutsche Heer übernommen. Er erfüllt nun an der Ostfront zwei Aufgaben, indem er sowohl als Nachrichtenoffizier arbeitet, als auch eine antisowjetische russische Einheit zusammenstellt, die dann 1943 als Division gegliedert wird. Holmston kommandiert sie als Oberst. Diese Truppe setzt sich vorwiegend aus Überläufern und Kriegsgefangenen zusammen, die es aufgrund der inzwischen gemachten Erfahrungen und gesammelten Informationen vorziehen, das auch in der Roten Armee beileibe nicht gerade beliebte Stalin-Regime beseitigen zu helfen. Sie alle machen freiwillig mit.

Juli 1941: Im Nordabschnitt der Ostfront stellt Major Holmston ein russisches „Lehrbataillon für Feindabwehr und Nachrichtendienst" auf; aus diesem Bataillon entwickeln sich zwölf weitere. Damit ist er der erste russische Offizier, der an der Ostfront russische Einheiten aufstellen kann, als Wlassow noch, Kommandeur der russischen 2. Stoßarmee, gegen Deutschland kämpft. Und Holmston hat schon damals vor, aus diesen Einheiten den Kern für eine russische Streitmacht zu schaffen.

Zu Beginn des Jahres 1942 wird er schließlich zum Oberstleutnant ernannt und erhält ein Jahr später die Genehmigung, eine nationale russische Division unter der Bezeichnung „Sonderdivision R" unter seinem Kommando aufzustellen. Hinter dem geheimnisvollen „R" verbirgt sich nichts anderes als das Wort „Rußland". Und nachdem er zum Obersten befördert worden ist, sollte nun eigentlich alles rasche Fortschritte machen. Aber da mischen sich die Politstrategen ein: Die NSDAP, also die einflußreichen Parteipolitiker, der Sicherheitsdienst der SS, der SD, mißtrauen ihm und unterstützen Wlassow. Zu Recht halten sie Holmston nicht für einen Parteianhänger und fürchten wohl darum, daß ihnen dieser Mann in einer hohen Position und noch dazu als Führer einer zahlenmäßig zweifellos anwachsenden Truppe gefährlich werden könnte. Ohne Vorwarnung wird der Oberst daher im Dezember 1943 verhaftet, seine Division aufgelöst. Ein schwerer Rückschlag, doch Holmston gibt sich neuerlich nicht geschlagen. Und hier spielt die nach wie vor oder sogar mehr denn je bestehende Kluft zwischen Parteivasallen und Berufssoldaten wieder eine große Rolle, denn gegen den Widerstand der SS führt das Oberkommando der Wehrmacht (OKW) ein Untersuchungsverfahren durch. Tatsächlich endet es mit der Rehabilitierung Holmstons im April 1944. Er übernimmt sofort und ungebrochen seine alten Aufgaben und stellt nun die „Erste Nationale Russische Division" auf. Die Bezeichnungen dieser seiner Einheiten waren übrigens stets sorgfältig gewählt. Sie sollten die Distanz zur Wehrmacht als solcher kennzeichnen, sollten den festen Entschluß deklarieren, zu welchem Zweck und von wem diese Truppe aufgestellt und gebildet wurde, sollten außerdem aber auch die innere Distanz zu einer anderen russischen Armee klarmachen, zur „Russischen Befreiungsarmee" des Generals Andrej Wlassow nämlich. Holmston war eine Zusammenarbeit mit dem ehemaligen Sowjetoffizier Wlassow, wegen dessen doch ganz anderem Werdegang, stets unmöglich erschienen, er hatte sie sogar bei einem Zusammentreffen mit ihm kategorisch abgelehnt. Die Abneigung war nicht allein persönlich, sondern vor allem weltanschaulich begründet. Der Gardeoffizier Holmston wollte mit dem Sowjetoffizier Wlassow, der gegen die weißrussische Seite gekämpft hatte, nichts zu tun haben, hatte andere Vorstellungen für die Zeit nach der erhofften Befreiung Rußlands von der Stalin-Herrschaft und vom Kommunismus: Während Wlassow gegenüber Holmston erklärte, Rußland müsse unmittelbar und ohne fremden Einfluß eine Demokratie nach den bestimmten Vorstellungen Wlassows werden, sah Holmston dies aufgrund seiner Erfahrung, Ausbildung und Kenntnisse als unrealistisch an und befürwortete eine genau zu befristende Militärregierungsübergangszeit, in deren Verlauf die Weichen für einen geordneten und realistischen Neuaufbau gestellt werden müßten. Alle diese Gründe zusammen machten deutlich: Holmston und Wlassow – das waren zwei Welten, die zumindest damals nicht zusammenfinden konnten.

(Andrej Wlassow (1900 - 1. 8. 46), ein sowjetischer General, organisierte seit 1942 in deutscher Gefangenschaft eine antibolschewistische Armee aus russischen Kriegsgefangenen und wurde dafür nach Versuchen am Kriegsende, seine Männer zu retten, von den Sowjets hingerichtet.)

In einem Brief vom 10. 5. 1945 schrieb Holmston an Fürst Franz Josef via Regierungschef Dr. Hoop, Reichsminister Heinrich Himmler mit SD und SS hätten Wlassow Unterstützung angeboten, er, Holmston, habe dagegen die volle Unterstützung des OKH und Generalstabs gehabt. In der Tat:

General a. D. Franz Halder (*) schrieb am 15. 1. 1969 einen Brief an Holmston, in dem er es «ausserordentlich» bedauert, «daß Gesundheitsrücksichten Sie zwingen, Ihren Wohnsitz nach Südfrankreich zu verlegen und damit Deutschland zu verlassen, dem Sie so lange Jahre so hervorragende Dienste im In- und Ausland geleistet haben. Als einer der letzten Vertreter der ehemaligen deutschen Heerführung kann ich Ihnen für diese Dienste nur den wärmsten und aufrichtigsten Dank des deutschen Heeres mit auf Ihre Reise geben. Damit verbinde ich meinen persönlichen Dank für Ihre treue Kameradschaft mir gegenüber...».

(*)Generaloberst Franz Halder (30. 6. 1884 - 2. 4. 1972) war 1938 Chef des Generalstabes des Heeres und 1942 als solcher abgesetzt worden. Er stand der Widerstandsbewegung nahe und war von 1944 bis 1945 in KZ-Haft. (Er gilt dennoch als umstritten, weil er zumindest ideologische Hilfe dazu leistete, Wehrmachtsübergriffe im besetzten Rußland durchzuführen. Er hatte damals noch die Nazi-Ideologie mitgetragen, später allerdings innerlich dem System abgeschworen. Es fehlte ihm aber aufgrund seiner Erziehung der Mut zum aktiven Widerstand.)

Die Begeisterung Rußlands weicht der Ablehnung Oder: wie Hitler ungewollt Stalin half

Der „I. Nationalen Russischen Division" wird nun die Aufgabe übertragen, hinter der Sowjetfront eine Partisanenbewegung zu organisieren und zusammen mit einer antisowjetischen Streitmacht in Rußland den nationalen Aufstand zu entfachen. In Wirklichkeit ist es dazu zu spät. Die Möglichkeiten dazu sind durch Hitlers Mißtrauen und Verblendung vertan, obwohl sich die russische Bevölkerung nachweislich gern des Stalinregimes entledigt hätte, sie hatte ihre Landsleute daher zunächst ja mit offenen Armen empfangen, hatte sogar deutsche Truppen bei deren Einmarsch gesegnet. Doch dann wurde deutlich: die Deutschen kamen nicht als Befreier, sondern als Eroberer. Aus Freude wurde Enttäuschung, Haß: Zur Freude Stalins, der nun als Landsmann, nicht als Parteichef das Volk auf seiner Seite hatte. Diese Entwicklung war für die russischen Freiwilligen zutiefst tragisch. Was Stalins Terror im Innern zerbrochen hatte und die Deutschen wie eine reife Frucht hätten pflücken können und wessen sich die Nationalrussen zunächst als Verwalter eines wiedergeborenen Rußland hätten bedienen wollen, war nun wieder gekittet worden durch verblendete Parteifanatiker. So standen alle Russen, die gegen die Rote Armee angetreten waren, vor den Trümmern ihrer Hoffnungen, zumal sie ganz genau wußten – ungeachtet ihres persönlichen Schicksals –, daß aus einer vom kommunistischen Rußland gewonnenen Schlacht Stalin und seine Partei stärker und mächtiger denn je hervorgehen würden. Sie hatten erleben müssen, wie sehr sie getäuscht und mißbraucht, ja verraten wurden, hatten bei zu wenigen Verständnis gefunden, geschweige denn Unterstützung für ihre nationalen Ziele.

Im Gegenteil: In Deutschland hatten sich inzwischen zwei Gruppen herauszubilden begonnen, die sich in der Frage der Ostpolitik und im Zusammenhang damit in der Kriegsführung konträr gegenüberstanden. Die eine Gruppe wurde durch Hitler und die höheren Funktionäre seiner Partei repräsentiert; ihr Ziel war Niederwerfung und Kolonialisierung

Rußlands (Untermenschen-Doktrin, Lebensraum im Osten...). Die andere Gruppe setzte sich aus der Mehrheit der höheren Offiziere des OKH, einem großen Teil der Generäle an der Ostfront sowie einer Anzahl von Politikern, die Rußland gut kannten, zusammen. Diese Gruppe hatte erkannt, daß ein Krieg mit der UdSSR, den man allein mit militärischen Mitteln führte, nur mit einer Niederlage enden könne. So gesehen, waren es also nicht zu wenige, die Holmston und seinen Gesinnungsfreunden hätten helfen wollen, sondern es halfen nicht jene, die die Möglichkeiten dazu hatten. Sie sahen die einzige Chance, den Krieg im Osten zu beenden, in der beschleunigten Aufstellung und Unterstützung einer möglichst starken russischen Befreiungsarmee. Aus dieser Auseinandersetzung erwuchs bei einer Gruppe von Offizieren des Oberkommandos eines der wesentlichen Elemente zum Attentat auf Adolf Hitler am 20. Juli 1944. Sein Scheitern aber mußte auch einen schweren Rückschlag für die russische Befreiungsbewegung einschließlich der Truppe Holmstons bedeuten.

1942 bei Winniza in der Ukraine beim Führerhauptquartier „Werwolf": Holmston mit Baron Kaulbars, Adjutant von Admiral Canaris. Kaulbars spielte eine wichtige Rolle bei der Anwerbung Holmstons, und seine Vertrautheit mit Canaris sorgte für Holmstons Verbindungen zu jenen Wehrmachtskreisen, die Hitler als politischen Abenteurer einstuften und, vor allem gegen Kriegsende, Kontakte zu den Alliierten aufnahmen, um das größte Unheil abzuwehren.

Rückzug

Während dieser Vorgänge befindet sich die Division des Obersten Holmston in Schlesien, und zwar im Raum vor Breslau. Vor der heranrückenden sowjetischen Front zieht sich die in Aufstellung begriffene Division am 23. Januar 1945 planmäßig nach Westen zurück, zunächst nach Sachsen und dann weiter gegen Süden nach Eschenbach in Bayern, etwa 80 nordöstlich von Nürnberg.
Wieder einmal beginnen sich die Ereignisse zu überstürzen, wissen die Männer nicht, wo sie morgen schon vielleicht sein werden. Am 2. Februar erhält Holmston den Befehl, aus der Division eine russische Armee unter dem Decknamen „Die Grüne Armee z.b.V." zu formieren. Die Soldaten werden vorwiegend aus den verschiedenen Schulungs- und Gefangenenlagern angeworben. Schließlich beträgt die Gesamtstärke der von Holmston an der Ostfront in weiten Abständen eingesetzten Einheiten etwa 6000 Mann.

Winter 1941/42: Eine Autopanne zwischen Dorpat und Reval in Estland. Links Major Holmston, rechts sein damaliger Chauffeur Obergefreiter Weber.

Eine „verbündete Streitmacht"

Immer noch hegen die Russen Hoffnungen, die andere, auch befreundete deutsche Offiziere, längst als Illusionen betrachten. Doch erst im geschichtlichen Rückblick haben diese Bemühungen etwas Verzweifeltes an sich, damals waren sie für die beteiligten Russen kein Diskussionsgegenstand.

Holmston verhandelt weiter mit dem Oberkommando des Heeres und erreicht, daß seine Truppe am 4. April 1945 offiziell in „Erste Russische Nationalarmee" umbenannt wird. Er selbst wird zum Generalmajor befördert und zum Befehlshaber der neuen Armee ernannt. Dieser Verband mit den Rechten einer „verbündeten Streitmacht" untersteht nach wie vor der Wehrmacht, gehört aber nicht zur ROA General Wlassows, die als völlig selbständige russische Truppe gilt. Zur geplanten Einfügung des russischen Schutzkorps an der Balkanfront unter General Steifon und der in Aufstellung begriffenen 3. Wlassow-Division unter General Schapowalow kommt es allerdings nicht mehr. (Das Kapitel Wlassow wird eingehend in einem im Herbst 1984 in Freiburg [Verlag Rombach] erschienenen Buch des Militärhistorikers Dr. Joachim Hoffmann mit dem Titel „Die Geschichte der Wlassow-Armee" geschildert.) Holmston unterstellen sich aber ferner die Kader der ROWS unter General von Lampe, der mit seiner russischen Truppenabteilung gesondert gegen Westen in Marsch gesetzt wird, und zwar mit einem von Holmston ausgestellten Marschbefehl. Die Lage spitzt sich immer mehr zu: Anfang April 1945 erleidet ein Teil der von der Ostfront anmarschierenden Kolonnen der sich noch formierenden Armee durch starke Fliegerangriffe schwere Verluste und kann den Versammlungsraum in Bayern nicht mehr erreichen. Die Verluste der Holmston-Truppen betragen etwa 3000 Mann... Ein Einsatz an der Front im größeren Verband ist unmöglich geworden.

DEUTSCHES REICH
ALLEMAGNE

FREMDENPASS
PASSEPORT POUR ÉTRANGERS

Name des Paßinhabers
Nom du porteur

Boris, Artur, Graf von Smyslowskij

Der Paßinhaber
besitzt nicht die deutsche Reichsangehörigkeit
Le porteur du présent passeport n'est pas ressortissant allemand

Nr. [illegible] 30319/43
No

Dieser Paß enthält 28 Seiten
Ce passeport contient 28 pages

Nr. 29911 6/43

A 54 (10.39)

Der Fremdenpaß Holmstons belegt die kuriose Tatsache, daß ein russischer General eine der deutschen Wehrmacht angehörende Truppe befehligt, ohne die deutsche Staatsangehörigkeit zu besitzen.

Retten, was zu retten ist: das nackte Leben

Der militärische Zusammenbruch verläuft jetzt unerwartet rasch. Der amerikanische Vorstoß durch Süddeutschland Richtung Tirol-Salzburg gewinnt zunehmend an Boden, und die französischen Truppen beginnen mit dem Vormarsch Richtung Bodensee und Vorarlberg. Generalmajor Holmston verfolgt die Entwicklung mit gespannterer Aufmerksamkeit als jeder andere Offizier in diesem großräumigen Bereich, weil er ja noch Pläne hat, von denen nur wenige wissen.
20. April: Nürnberg wird von den US-Truppen genommen, am 16. bereits hatte die sowjetische Großoffensive gegen Berlin begonnen. Später sagte General Holmston darüber: „Es galt zu retten, was noch zu retten war. Die Lage war kritisch." In der Tat gilt es nun, aus dem militärischen und politischen Chaos, das sich vollends abzuzeichnen beginnt, in Sicherheit – sprich: neutrales Ausland – zu gelangen. Und hierfür hatte er schon früher entsprechend vorgesorgt.
Nach dem von Hitler verschuldeten Desaster von Stalingrad hatte Holmston mit Abwehrchef Reinhard Gehlen die heimliche Absetzbewegung der Truppe zur Rettung der Männer in die Schweiz abgemacht.
Für den Fall notwendig werdender Verhandlungen mit Vertretern der westalliierten Streitkräfte hatte er in seinen Stab getarnt zwei polnische und einen britischen Offizier aufgenommen. Letzterer hatte vorher auf Seiten der nationalpolnischen Partisanen gekämpft:

Laut Brief Holmstons vom 9. 5. 1945 an Liechtensteins Regierungschef Dr. Hoop hatten sich der Truppe vor deren Grenzübertritt drei Personen angeschlossen: Reserve-Hptm. Rafel Olbromski und Reserve-Oberleutnant Joseph Dolarz, beide Polen, sowie der britische Oberleutnant Alfred Tullett-Henry.

Interessant dazu diese Aussage Holmstons aus einem Brief: „Schon früher, während meiner Warschauer Tätigkeit, hatte ich direkt oder durch Vermittlung der polnischen Widerstandsbewegung mit London

Verbindung gehabt. Die polnischen und englischen Verbindungsoffiziere waren immer getarnt in meinem Stabe." (Die Verbindungen zwischen den Exilpolen und Großbritannien sind ja bekannt.) Der General wird begleitet von seiner aus einer polnischen Adelsfamilie stammenden Frau Irene, die offiziellen Status als seine Sekretärin und Dolmetscherin hat; allerdings beherrscht auch er bereits damals mehrere Sprachen. Weitere Damen sind als Einzelfälle ebenfalls in die Truppe aufgenommen worden, zum Beispiel die Chefin der Sanitätsabteilung. Ferner hat er seinen Stab durch einen Schweizer „Journalisten" names Blumer als Dolmetscher vervollständigt, der ihm auch den guten Tip bezüglich Liechtensteins gegeben hatte, das er als sicherer als die Schweiz einstufte. Blumer soll angeblich Schweizer Abwehr-Offizier gewesen sein.

Blumer reiste am 5. 5. 1945 in die Schweiz aus. Er hatte 1944 in Warschau dem General geraten, ins „Vorzimmer der Schweiz Liechtenstein" zu gehen, nicht in den „Salon Schweiz" selber. Es spricht vieles für die Annahme, durch ihn sei eine Kontaktaufnahme zum Schweizer Konsulat in Stuttgart – kurz vor dem 26. 4. 1945 – erfolgt, als sich Holmstons Truppe im vorgesehenen Versammlungsraum Memmingen befand. Tatsächlich weiss man heute, daß die Schweiz den Marsch Holmstons schon vor seiner Ankunft an der Grenze zu Liechtenstein beobachtet hat, wenngleich sie darüber, was Holmston wirklich vorhatte, schliesslich doch nichts wusste.

Liechtenstein wurde nicht ganz zu unrecht als sicherer angesehen, wie sich zeigen sollte, denn die Schweiz erklärte nicht, wie Liechtenstein, gegenüber den Flüchtlingen eindeutig, daß sie nicht zwangsweise ausgeliefert werden würden. Das verunsicherte viele, die noch nicht das Land hatten verlassen müssen, so daß sie es vorzogen, sich freiwillig zu stellen, zu fliehen oder Selbstmord zu verüben. In jenen schweren Tagen taten ja die Gerüchte ein übriges, um Angst und Unsicherheit, ohnehin vorhanden, zu verstärken. Gerade den Russen und Kosaken war ja bekannt genug, was sich bereits vor Kriegsende nach dem Jalta-Abkommen an Tragödien abgespielt hatte.

„Eine moralische Belastung für die freie Welt"

18. April 1945: General Holmston hält mit seinen Offizieren einen Kriegsrat ab und verkündet der versammelten Truppe: „Die Kapitulation Deutschlands ist unvermeidlich. Wir können ihren Ausgang nicht tatenlos abwarten, sondern müssen die Zeit nutzen. Daher befehle ich der Truppe, sich in der Richtung zur neutralen Schweiz in Bewegung zu setzen. Das nächste Marschziel ist Memmingen als Versammlungsraum."

Zwar hat zu diesem Vorhaben das OKH seinen Segen gegeben, weil es die Notwendigkeit der Rettung dieser exponierten Truppe ebenfalls sieht, aber eigentlich war es General Gehlen, damals Chef Abt. Fremde Heere Ost des OKH, dem diese Möglichkeit zu verdanken war.

Reinhard Gehlen (3. 4. 1902 – 8. 6. 1979), General, war 1942–1945 Chef der „Abteilung Fremde Heere Ost" und damit Holmstons Vorgesetzter. Seit 1948 stand er dem privaten, von den USA finanzierten „Nachrichtendienst Gehlen" vor (1955 dem Bundeskanzler unterstellt); 1957-1968 war er Präsident des Bundesnachrichtendienstes. In einem Brief an Holmston schrieb er am 9. 2. 1973: „Diese Episode in Liechtenstein ist der glücklichere Teil einer dramatischen Entwicklung in Deutschland, die für die freie Welt – insbesondere für die Westalliierten – eine moralische Belastung bleiben muss."

Einige Fanatiker fordern Kampf bis zum letzten Mann; das wird auch deutlich, als die Flucht in letzter Minute beinahe noch durch die SS vereitelt wird, weil die betreffende Einheit den an sich unumstößlichen Geheimbefehl Gehlens einfach zu ignorieren gedenkt und ein Passieren verbietet. Der herbeigerufene befehlshabende ranghohe SS-Offizier aber läßt passieren: er war damals Offizier vom Dienst, als Holmston im Führerhauptquartier Wolfsschanze mit dem hohen Deutschen Adlerorden ausgezeichnet wurde! (Dieser Orden für Auslandsoffiziere ist erstmals von April bis Juni in Vaduz/Liechtenstein im Rahmen einer Ausstellung zum Kriegsende öffentlich gezeigt worden.)

Doch zunächst noch zurück zur Situation des Rückzugskommandos: In aller Eile erfolgt der Aufbruch aus Eschenbach. Die amerikanischen Panzerspitzen sind nur noch 10 km entfernt. Deutlich hört man bereits die Detonationen der nahen Front. Zwar wäre vielleicht den Amerikanern und Franzosen plausibel erklärbar gewesen, daß sie hier keine nationalsozialistischen Truppen vor sich hätten, aber dieser Diskussion wollen die Russen denn doch lieber ausweichen, zumal sie sogar ganz konkret befürchten müssen, von den Alliierten an die Rote Armee überstellt zu werden. Daher muß die Truppe versuchen, vor der anrückenden 7. US-Armee und bevor ihr die 1. Französische Armee den Weg zur Schweizer Grenze verlegen kann, das Ziel zu erreichen.
Es folgen anstrengende Märsche nach Südwesten, in denen die Truppe schließlich den Versammlungsraum Memmingen erreicht. Dort wartet man bis zum 26. April vergebens auf das Eintreffen des russischen Schutzkorps von der Balkanfront, das infolge des Zusammenbruchs den Marsch nicht mehr durchführen kann. Die anmarschierende 3. Wlassow-Division unter General Schapowalow verweigert den befohlenen Anschluß an General Holmstons Truppe und folgt dem Befehl General Wlassows in Richtung tschechischer Grenze; womit sie unwissentlich ihr Schicksal besiegelt. Die Kader der Ersten Russischen Nationalarmee haben nun aber kostbare Zeit verloren und trachten daher danach, so schnell wie möglich die Alpen zu erreichen.
Beim Weitermarsch ereilt sie ein Fliegerangriff, es gibt Tote zu beklagen, mehrere Menschen werden verwundet. Aber am 28. April erreicht man Oberstaufen, in der Nähe erwartet der mit seinem Stab vorausgefahrene General die Truppe und teilt in einem neuerlichen Kriegsrat seinen Offizieren mit, was sein eigentliches Ziel ist: Liechtenstein!

Liechtenstein: die Situation

In einem liechtensteinischen Bericht über jene ereignisreichen Tage und das Kriegsende heißt es unter anderem: „Ende April gewahrte man mit Schrecken... die Feuerbrände, welche der Krieg in Lauterach und der Bodenseegegend entfachte. Unter Sirenengeheul und Kanonendonner zog die Kriegsfurie gegen Feldkirch. Allenthalben rüstete man zur Evakuierung nach Oberplanken, da man mit der Möglichkeit des Übertritts der SS-Schreckensmänner... rechnete. Doch der rasche Einbruch der Franzosen in den inneren Wallgau, welcher über Amerlügen erfolgte, brachte eine Entspannung, und Glockengeläute verkündete am 8. Mai den Eintritt des Waffenstillstandes. Hilfspolizei und schweizerische Grenzwachtorgane säuberten rasch die Berggegend von einigen versteckten SS-Soldaten." – Die Sicherung der liechtensteinischen Landesgrenze zu Vorarlberg, das als österreichisches Bundesland ja durch den „Anschluß" zum Deutschen Reich gekommen war und damit dieses für die Zeit des „tausendjährigen Reichs" zum direkten Nachbarn Liechtensteins machte, übernahm eine Abteilung der Grenzwachtrekrutenschule Liestal in der Schweiz, weil offizielle Schweizer Truppen im souveränen und neutralen Liechtenstein nicht eingreifen konnten und wollten. Es waren etwa 100 Mann in Liechtenstein stationiert.

Da in Schweizer grenznahen Gebieten verschiedentlich Fehlbombardierungen durch Alliiertenbomber passiert waren, suchte man sich in Liechtenstein dagegen zu sichern. Die Regierung hatte deshalb das Aufstellen großer Markierungen, die aus der Höhe erkennbar sein mußten und die in den Landesfarben gehalten waren, angeordnet. Außerdem wurde die Grenze mit einem fünf Meter breiten Stacheldrahtverhau (Spanische Reiter) gesichert. Die Grenze war bereits am 22. 4. 1945 gesperrt worden, außer bei Schaanwald im genannten Sinne. Durch den Zollvertrag mit der Schweiz war die Grenze zu dieser nach wie vor offen gewesen, aber gegen Ende des Krieges ordnete der Schweizer Bundesrat die Schließung der Grenze von Luziensteig, also zum Süden Liechtensteins hin, bis Altenrhein an; die Rheinbrücken zwischen Bal-

zers in Liechtenstein und Trübbach in der Schweiz und ebenfalls zwischen Schaan und Buchs blieben, unter Kontrolle jedoch, für den Verkehr geöffnet.
In Liechtenstein hatte das auf 52 Mann verstärkte Korps der Hilfspolizei die Grenzüberwachung mitübernommen, das eigentliche Polizeikorps betrug damals nur elf Mann.
Die Truppe Holmstons steht nun in Oberstaufen: wenn das neutrale Liechtenstein rechtzeitig erreicht werden soll, ist höchste Eile geboten. Das 6. US-Korps war dicht hinter Holmstons Truppe am 27. April bis nach Kempten durchgestoßen, und Teile der französischen 1. Armee erschienen am 29. schon bei Bregenz, im Begriff, 20 km westlich von Oberstaufen die Grenze zu Vorarlberg zu überschreiten. Ein Wettlauf mit den Franzosen beginnt, die inzwischen von der Existenz dieser Truppe erfahren haben und ihr nachjagen. Und es wird tatsächlich sehr knapp. Die Truppe lagert am Stadtrand von Oberstaufen, also außerhalb. Da meldet ein im Ort postierter Soldat der Truppe das Auftauchen marokkanischer Soldaten in der Stadt! Französische Truppen sind also da und suchen bereits nach den Russen. Bei strömendem Regen erfolgt jetzt ein nahezu blitzartiger und möglichst leiser Aufbruch, ein sehr anstrengender Eilmarsch durch die Nacht beginnt. Er geht über 60 km und endet erst dicht vor Feldkirch. Es ist der 30. April. Und noch einmal geschieht etwas Unerwartetes, sozusagen ein Effekt am Rande, der sich als segensreich erweist, wenigstens für die Feldkircher Bevölkerung.

Die Verteidigung Feldkirchs fällt aus

Feldkirch hat noch deutsche Besatzung, und das Auftauchen der Truppe General Holmstons verhindert wahrscheinlich ein Blutbad. Denn: Feldkircher Widerstandskreise waren bereits fest entschlossen, der deutschen Besetzung ein Ende zu bereiten und natürlich vor allem auch die Parteiführung zu entmachten. Der Grund für dieses Vorhaben war das Gerücht, die Stadt solle verteidigt werden. Da taucht plötzlich eine Truppeneinheit in der Stadt auf, die als Verstärkung aufgefaßt wird, da ja niemand zunächst weiß, wer sich hinter diesen Soldaten verbirgt und welche Befehle sie haben! Angesichts dieser „Übermacht" an Militär ist an eine Erhebung des Widerstands natürlich nicht mehr zu denken.

General Holmston hält in Feldkirch einen letzten Kriegsrat ab, die Männer erhalten genauere Instruktionen. Weiter geht der Marsch, der General mit seinem Stab bleibt nun wieder bei der Truppe, das Ziel ist nahe. Am 1. Mai rückt die I. Russische Nationalarmee im dicht an der liechtensteinischen Grenze gelegenen Dorf Nofels bei Feldkirch ein. Die Bevölkerung verhält sich zurückhaltend. Die Truppe sammelt sich und bereitet sich entsprechend den vom General und seinen Offizieren erhaltenen Instruktionen auf den geplanten Grenzübertritt vor. Die Situation ist sehr gespannt, keiner weiß, was kommen wird, ob man auf Widerstand stoßen wird, ob letztlich dieser Grenzübertritt, wenn er überhaupt gelingt, die Rettung bringen wird. Sie ist ein bunt zusammengewürfelter Haufen, diese Truppe, denn trotz aller guten Disziplin, trotz der Einheitlichkeit der Uniformen und trotz des Korpsgeistes, der unter diesen Menschen allein schon aufgrund ihrer Isoliertheit gegenüber dem deutschen Heer herrscht, sind sie doch hinsichtlich Herkunft und Mentalität sehr unterschiedlich. Nicht uninteressant ist in diesem Zusammenhang daher eine Aufzählung der hier vertretenen Nationalitäten, Völkerschaften und Stämme. Es sind – teilweise nur in einer Person vertreten, der Einfachheit halber gemeinsam im Plural genannt –: Großrussen, Ukrainer, Reichsdeutsche, Weißruthenen, Kosaken, Tataren, Armenier, Tschuwaschen, Tschetschenen, Komi-Syrijenen, Tadschikier, Lesgier,

Tschungusen, Usbeken, Kalmücken, Türken, Mordwiner, Baschirken, Marijer, Engländer, Schweizer und Polen.
Die 1. Russische Nationalarmee war zwar infolge kriegerischer Ereignisse erheblich dezimiert worden, aber ihr hatten sich, besonders, als jetzt klar wurde, welches Ziel sie anstrebte, verschiedene andere Menschen angeschlossen, die hofften, das Kriegsende ebenfalls im Schutz der Neutralität eines unbeteiligten Staates erleben zu können. Ihnen wurde, soweit es als vertretbar angesehen wurde und es möglich war, das Verbleiben bei der Truppe gestattet, allerdings war dies mit keinen Garantien verbunden. Tatsächlich erhielten sie auch kein Asyl in Liechtenstein, weil sie ebenso wie die anderen an der Grenze sich stauenden Personen keinen besonderen Status geltend machen konnten, nach dem sie als unmittelbar gefährdet eingestuft werden mussten. Das kleine Land konnte nicht zum Auffanglager für Abertausende von Menschen werden, dazu fehlte es an Unterkünften und Lebensmitteln. Außerdem hätte bis Ende des Krieges ein Öffnen der liechtensteinischen Grenze den Einbezug des neutralen Landes ins Kriegsgeschehen bedeutet. Dennoch wurden die an der Grenze wartenden Flüchtlinge täglich trotz großer Schwierigkeiten durch das soeben gegründete Liechtensteinische Rote Kreuz mit Fürstin Gina persönlich an der Spitze, durch die Regierung und viele Freiwillige, vor allem Pfadfinder, versorgt. Politisch hatte sich das Land seit Beginn des Dritten Reiches ohnehin schwer hüten müssen, diesem einen Anlaß zum Eingreifen zu geben, wie andere Beispiele mahnend verdeutlichten. Daß es soweit gar nicht erst kam, ist nicht nur der Kleinheit Liechtensteins und seiner strategischen Bedeutungslosigkeit zu verdanken, sondern auch der engen Partnerschaft mit der Schweiz, die ja von Hitler bewußt ausgeklammert wurde (spätere Pläne einmal dahingestellt); aber auch einem sehr heiklen, diplomatisch jedoch äußerst geschickt geführten Gespräch des Fürsten, der zu einem offiziellen Besuch nach Berlin gereist war und dort persönlich bei Reichskanzler Adolf Hitler vorsprach. Man kann sich vorstellen, wie groß die Befürchtungen im Land waren, daß nun in den letzten Tagen des Krieges, während sich das Dritte Reich für jedermann ersichtlich in Todeskämpfen wand, alles aufs Spiel gesetzt, der Krieg ins

Land hereingetragen werden könnte. So mag dem Fürsten und seiner Regierung der Asylentscheid für die Russen nicht leicht gefallen sein, zumal er noch vor dem tatsächlichen Ende des Krieges gefällt werden mußte. Umso erleichterter waren daher alle Beteiligten, daß der Entscheid keine negativen Folgen hatte, wiewohl er ungeachtet dessen getroffen worden war. Aber Asyl konnte nur diesen Menschen unter diesen besonderen Umständen gewährt werden, und das angesichts ihrer großen Zahl nicht ganz leichten Herzens. So hatte sich z. B. in Feldkirch unerwartet der russische Thronprätendent Großfürst Wladimir eingefunden und dann der Truppe angeschlossen, auch er mußte das Land wieder verlassen und weiterreisen. Mit dabei waren auch der österreichische Erzherzog Albrecht, einige junge Inder und der Vorsitzende des russischen Komitees in Warschau, Woyciechowski, sowie eine Gruppe russischer Zivilisten. Es waren Tage höchster nervlicher Beanspruchung, bei dieser Truppe und überall dort, wo noch gekämpft wurde oder die Entscheidungen über Kampf oder Kapitulation noch ausstanden. Versetzen wir uns wieder dorthin zurück.

Der dramatischste Augenblick...

An diesem 1. Mai meldet der Reichssender Hamburg, daß der Führer und Reichskanzler Adolf Hitler, bis zum letzten Atemzug gegen den Bolschewismus kämpfend, gefallen sein. In Wirklichkeit starb er bekanntlich bereits einen Tag vorher und keineswegs in heldenhaftem Kampf, sondern durch Selbstmord, zusammen mit seiner Frau Eva, geborene Braun. Am 29. April, einen Tag vor Hitlers Tod, hatten die deutschen Truppen in Italien kapituliert.
2. Mai: Während sich der Befehlshaber des Verteidigungsbereichs der Reichshauptstadt Berlin auf den Weg zum sowjetischen Oberbefehlshaber macht, um die Kapitulation dieses letzten Bollwerks des Dritten Reichs anzubieten, treffen General Holmstons Truppen die Schlußvor-

bereitungen zum Grenzübertritt nach Liechtenstein. Es wird dunkel, man macht sich auf den Weg, den entscheidenden, und, wie alle die kriegsmüden Männer und Frauen hoffen, letzten Marsch dieses Krieges. Dank des Einsehens hoher Offiziere im OKH hatte General Holmston, wie erwähnt, die Genehmigung zur Rettung der Reste seiner Armee erhalten, und so räumen die deutschen Grenzwachen die Sperre zur liechtensteinischen Grenze beiseite. Bei heftigem Schneetreiben marschieren die Männer die steile und schmale Straße zum liechtensteinischen Schellenberg hinauf. Die Spitze bildet ein Schützenpanzerwagen, es folgt das Fahrzeug mit dem Befehlshaber, dann die übrigen Wagen. Links und rechts von ihnen marschieren in langer Reihe die Kader der beiden Regimenter. Nach dem Passieren der neutralen Zone zwischen den beiden Staaten beseitigen sie selber das an der liechtensteinischen Grenze befindliche Hindernis, räumen die Spanischen Reiter und Stacheldrahtverhaue beiseite. Dies dauert nur wenige Minuten, und sie setzen ihren Marsch fort, der inzwischen, in Rufweite der Grenze, auch auf liechtensteinischer Seite nicht unbemerkt geblieben ist. Plötzlich peitschen Schüsse, sie sind mehr als Warnschüsse gedacht, weil sich die Soldaten offensichtlich nicht aufhalten lassen wollen. Das weitere haben wir bereits zu Anfang geschildert.
Inzwischen hat einer der Männer der Grenzwacht telefonisch gemeldet, was da vor sich geht. Der Zivilinstrukteur des Grenzwacht-Rekruten-Detachements informiert seinerseits telefonisch den Chef der Eidgenössischen Grenzwache, Oberstleutnant Dr. Wyss, der die Bewegungen der Truppe schon seit Tagen beobachten läßt, allerdings den Grenzübertritt an einer anderen Stelle, eben bei Tisis, erwartet hat. Später dann, als er dem General persönlich gegenübersteht, beglückwünscht er ihn zur erfolgreichen Durchführung seines Planes und bezeichnet diesen als militärisches Meisterstück. Ein Urteil, das übrigens auch die wenige Wochen später nach Liechtenstein kommenden hohen alliierten Offiziere teilen. Sozusagen im alten, an sich aber längst begrabenen Offiziersgeist: die Spielregeln wurden eingehalten, jeder tat seine Pflicht, und nun, da das „Spiel" aus ist, wird alles nur noch vom strategischen Standpunkt aus betrachtet...

Dr. Wyss erklärt sich bereit, dem ihm gegenüber als zunächst zuständigem Offizier geäußerten Ansuchen um Aufnahme der Truppe auf den neutralen liechtensteinischen Boden zu entsprechen, natürlich vorbehaltlich des politischen Entscheides der liechtensteinischen Regierung, die sich hier mit der Schweiz abspricht. Dieser erfolgt positiv, was den vorläufigen Verbleib der Truppe auf liechtensteinischem Boden angeht, nachdem die Vertreter der Regierung am Schauplatz des Geschehens eintreffen. In der alten Schellenberger „Wirthschaft zum Löwen" finden erste Kontaktgespräche statt, während die erschöpften Männer und Frauen provisorisch untergebracht werden, wie es den damaligen dörflichen Möglichkeiten eben entspricht. Anderntags bestaunt die Bevölkerung die Uniformierten und deren Fahrzeuge und vor allem die in großen Haufen angesammelten verschiedenartigen Waffen. Auf liechtensteinischer Seite ist man sich der Tatsache, überrumpelt worden zu sein, wohl bewußt, gleichzeitig aber ist man froh, daß wenigstens Blutvergießen vermieden wurde und konzentriert sich ohne Wenn und Aber darauf, was jetzt zu tun ist. Die Männer der I. Russischen Nationalarmee mit den deutschen Uniformen mit fremdartig wirkenden Abzeichen warten schicksalsergeben darauf, was nun mit ihnen geschehen wird. Sie sind zunächst einmal müde und entspannt und diskutieren, wenn überhaupt, vor allem über ihre Pläne im Falle einer Internierung oder Auslieferung. Noch mehr als vierzig Jahre später erinnern sich zwei Augenzeugen, die es genau wissen müssen, sehr gut an viele Einzelheiten aus jenen Tagen. Sie gehören zu den wenigen, die man noch befragen kann, alle anderen sind in alle Winde verstreut oder inzwischen gestorben: General Holmston lebte zum Zeitpunkt der Recherchen zu diesem Buch in Vaduz mit seiner Gattin, Oberleutnant Michail Sochin (Der Name war ein Pseudonym, seinen wahren Namen hat er aus Angst vor dem KGB ins Grab mitgenommen) ist seit damals fast ununterbrochen in Liechtenstein wohnhaft gewesen, verheiratet mit einer Liechtensteinerin, seine Kinder sind bereits eingebürgert worden. Er erinnerte sich: „Unsere Truppe bestand aus vier Kompanien. In meiner Kompanie waren noch 65 Soldaten, meist junge Leute von 18 bis 20 Jahren. Bei einem amerikanischen Flugzeugangriff in Dornbirn hatten wir zum

Eine seltene Aufnahme aus jenen Tagen: Generalmajor Arthur Holmston alias Boris Graf Smyslowsky 1942 in Pultusk bei Warschau. Sein militärisches Schicksal als Offizier der deutschen Wehrmacht ist reich an Veränderungen gewesen: September 1941 Estland: 1. Nachrichtenbataillon unter seiner Führung; dann 1001. Grenadierregiment, 1942, Pultusk bei Warschau: Aufstellung der Sonderdivision «R» (12 Bataillone, Feldpost.-Nr. 57219), dann «Grüne Armee» z. B. V. in Bad Elster (80 km von Dresden entfernt). 1945: «1. Russische Nationalarmee» (1. Russkaja Nacional'naja Armija) eine Einheit z. b. V. Oberkommando des Heeres (OKH), Generalstab, Abt. Fremde Heere Ost. Sein und vieler anderer Russen Wunsch nach Befreiung der Heimat vom stalinistischen Terrorregime schien zunächst nahezurücken, kam er mit seinen Männern doch immerhin bis 12 km vor Moskau, wo sie in den Vororten bereits die ersten Tramwagen antrafen.

letzten Mal einen Mann aus unseren Reihen verloren. Am späten Abend des 2. Mai begann der Aufstieg von Nofels Richtung Schellenberg. Franzosen, die bei Feldkirch lagerten, hatten uns bemerkt und feuerten uns zwei Mörserschüsse nach... Wir waren äußerst gut bewaffnet. Gar komisch muß es auf den Zöllner gewirkt haben, als ich den Inhalt meiner Taschen und meines Rucksacks vor ihm ausbreitete: eine Maschinenpistole, vier Handgranaten, eine große Menge Munition, einige Stücke Wäsche, Eßwaren aber überhaupt keine. So gegen halb drei Uhr nachts hatte ich mit meinen Leuten die Grenze überschritten. Wir waren die letzten des langen Zuges. Es war uns wirklich nicht schwer gefallen, uns von den Waffen zu trennen. Wir fühlten uns in Sicherheit, hatten das Gefühl, die schweren Tage endlich hinter uns zu haben. Einige Offiziere blieben in der „Wirthschaft zum Löwen" in Hinterschellenberg. Der größte Teil der Truppe marschierte weiter bis zur Schule. Dort fand ich Platz in einem Kellerraum. Da es in dieser Nacht sehr stark geschneit hatte, waren wir alle naß bis auf die Haut. Ich fror und fühlte mich sehr unwohl. Ich hatte starkes Fieber. Am anderen Tag wurden uns sämtliche Papiere, sofern wir sie nicht schon vorher vernichtet hatten, von den Schweizer Zollbeamten abgenommen. Viele Leute kamen, um uns zu begrüßen. Ein Pfadfinder brachte mit seiner Handorgel etwas Stimmung in unsere Reihen. Am 5. Mai geleiteten uns zwei liechtensteinische Polizisten nach Ruggell, wo wir in einer Baracke, der Schule oder dem Gemeindehaus, einquartiert wurden. Mein Bett bestand aus zwei Brettern, welche auf zwei Böcke gelegt waren. Als Kopfkissen diente mein Rucksack."

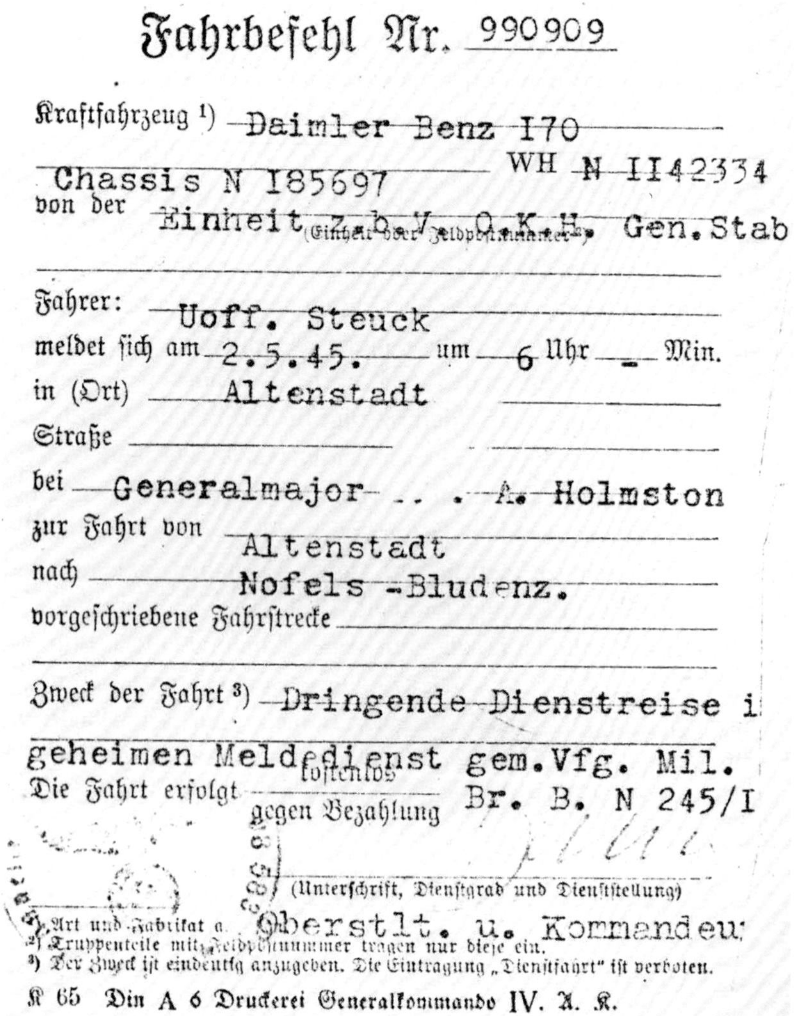

Fahrbefehl Nr. 990909

Kraftfahrzeug [1]) Daimler Benz 170

Chassis N 185697 WH N 1142334

von der Einheit z.b.V. O.K.H. Gen. Stab (Einheit oder Feldpostnummer)

Fahrer: Uoff. Steuck

meldet sich am 2.5.45. um 6 Uhr - Min.

in (Ort) Altenstadt

Straße

bei Generalmajor .. . A. Holmston

zur Fahrt von Altenstadt

nach Nofels - Bludenz.

vorgeschriebene Fahrstrecke

Zweck der Fahrt [3]) Dringende Dienstreise i geheimen Melddienst gem. Vfg. Mil. Br. B. N 245/I

Die Fahrt erfolgt kostenlos / gegen Bezahlung

(Unterschrift, Dienstgrad und Dienststellung)

Oberstlt. u. Kommandeu

[1]) Art und Fabrikat a...

[2]) Truppenteile mit Feldpostnummer tragen nur diese ein.

[3]) Der Zweck ist eindeutig anzugeben. Die Eintragung „Dienstfahrt" ist verboten.

K 65 Din A 6 Druckerei Generalkommando IV. A. K.

Ein Dokument aus der letzten Phase vor dem Grenzübertritt. Alles ging bis zuletzt korrekt zu.

Weitere Beteiligte erinnern sich...

Den ganzen Hintergrund des bis jetzt geschilderten Geschehens erhellen besonders gut Augenzeugenberichte; es sind Erinnerungen von Menschen, die diese Vorgänge entweder aus der Nähe beobachten konnten oder selber daran beteiligt waren. Aus den verschiedenen Blickwinkeln heraus ergibt sich dann ein den Tatsachen sicher recht nah kommendes Gesamtbild.

Der Vorarlberger Ernst Meier in der Gemeinde Nofels, durch die General Holmstons Truppe auf dem Marsch zur Grenze zieht, schildert sozusagen aus dem Rücken der Soldaten deren Vorbeimarsch. Er sitzt am Abend des 2. Mai zwischen 22 und 23 Uhr mit seinen Angehörigen in der Stube beim Jassen, dem beliebten Kartenspiel, als sie plötzlich viele Menschen auf der Straße vorbeiziehen hören. Aus Angst, es könnte sich um Franzosen handeln – immerhin kommen sie ja als Siegermacht – traut man sich nicht aus dem Haus. Ortsvorsteher Franz Büchel und Schulleiter Christian Stieger waren seiner Aussage nach dem Zug gefolgt und klopfen nun bei ihm an, schildern, wie sie den Verbleib der Truppe herausfinden wollen und daß oberhalb der Dorfkirche eines der Fahrzeuge den steilen Hang heruntergestürzt sein. Er selber berichtet weiter: „Man fand in den folgenden Tagen entlang der Straße noch allerhand Gegenstände, die auf dem nächtlichen Marsch verloren wurden. Mein Knecht hat auch einen Wagen und verschiedene Gegenstände aus dem Wald heraufgebracht... Ich habe ihm gesagt, er solle das Zeug verschwinden lassen, man wisse ja nie."

Wie berichtet, sind den Russen die Franzosen ja ständig im Nacken, und das wird auch anhand einer weiteren kleine Episode deutlich, die sowohl von General Holmston als auch vom anderen Beteiligten übereinstimmend geschildert wird: Es handelt sich um Willi Biedermann, „Badwirt" zu Nofels (Wirtschaft und Kneipp-Bad). In seinem Gasthaus übernachtet auch der General, der mit seiner Truppe dort am 30. April abends angekommen ist und am Abend des 2. Mai abreist, weil man sich auf den Weg zur Grenze macht.

In der darauffolgenden Nacht aber schläft in jenem Bett, in dem Gene-

ral Holmston geschlafen hatte, bereits der General der nachrückenden französischen Truppen!
Ganz besonders bezeichnend für die Mischung aus Erleichterung, Entspannung und Nervosität ist vielleicht auch diese Schilderung: Der Schellenberger Albert Lampert:„Die sind schon dagewesen, bis ich's gemerkt habe. In ihren Reihen herrschte eine solche Disziplin, daß man sich gar nicht bedroht fühlte. Einige sind dann in die Stube hereingekommen. Viele waren lustig und haben gesungen, einer hat sie sogar begleitet auf einer Handorgel. Einzelne habe ich weinen gesehen".
„Mein Schnaps hat ihnen auf alle Fälle geschmeckt."
Etwas Erheiterndes hat ein Teil der Erinnerungen des Schellenbergers Alois Hassler, der nach einem längeren Schwatz nach einer langen Gemeinderatssitzung, in der es um geeignete Maßnahmen, wie sie die Regierung erlassen hatte, gegangen war, den Truppenaufmarsch an der Grenze beobachten kann. Den aus dem Haus tretenden Grenzwachtpostenchef fragt er: „Was habt ihr da?" Dieser antwortet: „Schwaben", mit diesem landläufigen Sammelbegriff für alle Deutschen macht er dem Fragenden klar, daß es sich um Wehrmachtssoldaten handele. Hassler weiter: „Ich dachte, das sind kuriose Schwaben, denn sie redeten mir unverständlich!". Auf einen Schlag ist die liechtensteinische Wohnbevölkerung, wenn man so will, nun um etwa 500 Personen angewachsen. Damals hatte Liechtenstein auf seinen 15700,0 ha Gesamtfläche eine Bevölkerungszahl von 12141 Menschen, weit weniger als die Hälfte der Einwohnerzahl zum Zeitpunkt des Erscheinens dieses Buches. Das spielte insofern eine Rolle, wie sich nachher zeigen sollte, als diese an sich wenigen Menschen, von denen ja nur ein kleiner Teil ein Einkommen hatte (nämlich nur der Großteil arbeitsfähiger Männer), mithalfen, die fremden Truppen mit Nahrung zu versorgen. Aus Augenzeugenberichten geht auch dies eindrücklich genug hervor.
Mit dem gelungenen Übertritt der Russen nach Liechtenstein ist, wie der zum Armeestab gehörende Oberstleutnant Kaschirin schreibt, „der Übergang über die politische Teufelsbrücke" geglückt und „die Kader der Armee gerettet". Und weiter: „Wir haben den ganzen Krieg hindurch unmittelbar an der Front gegen die UdSSR gekämpft... Wir haben

weder einen Offizier, noch einen Soldaten an andere Fronten gegen andere europäische Völker abgegeben. Wir haben nicht einen einzigen Schuß abgefeuert gegen die Angelsachsen, die Franzosen, gegen die Polen oder Juden. Und im Augenblick des Zusammenbruchs haben wir uns nicht mit einer Schießerei auf den deutschen Bundesgenossen befleckt."

Die «Wirthschaft zum Löwen» in Schellenberg vor der Errichtung des Gedenksteins, ein historischer Ort Liechtensteins, unmittelbar an der Grenze zum österreichischen Bundesland Vorarlberg. Als Österreich deutsches Reichsgebiet geworden war, hatte Liechtenstein damit vorübergehend eine gemeinsame Grenze mit Deutschland. Sehnsüchtig sahen die Vorarlberger im Krieg nachts aus ihrem verdunkelten Land in die hellerleuchteten Länder Schweiz und Liechtenstein. Aber die Luftangriffe und Kriegshandlungen so nahe ihrer Heimat ängstigten wiederum auch die Liechtensteiner Bevölkerung.

Die Bevölkerung bleibt vom Schicksal der Russen nicht unbeeindruckt

Obwohl sich die Situation zwischen den, wenn man so will, „Informierten" beider Seiten etwas entspannt hat, ist die Bevölkerung, vor allem in Schellenberg, noch weitgehend unsicher über die Lage. Inzwischen waren ja andere notwendige Dinge zu erledigen gewesen, wie sie der beschwerliche Alltag in jenen Tagen ohnehin mit sich brachte. Allerdings war die Öffentlichkeit durch allgemein gehaltene Flugblätter und öffentliche Aufrufe, die aber nichts über die Identität eventuell zu erwartender fremder Truppen aussagten, informiert worden und hatte sich die entsprechenden Instruktionen zu Herzen genommen. Die noch jungen Rekruten der Schweizerischen Grenzwacht bekommen nun den Befehl, zur Vorbereitung der (immer noch vorläufigen) Internierung der Truppe deren Entwaffnung vorzunehmen. Auch das liechtensteinische Staatsoberhaupt, Fürst Franz Josef II. von und zu Liechtenstein, trifft bald am Schauplatz der Ereignisse ein und macht sich selbst ein Bild von der Lage, zumal der Entscheid um Aufnahme dieser Flüchtlinge ja von ihm verantwortet werden muß und nicht von der Regierung allein getragen werden kann. Inzwischen hat man sich notdürftig etabliert, und bereits geht es ans Erzählen. Besonders der damals als Grenzwachtrekrut beim Grenzübertritt der Russen unmittelbar dabeigewesene Rinaldo Pedrazzi aus Poschiavo hat seine Erlebnisse mehrfach ausführlich schildern müssen, vor allem zunächst seinen Vorgesetzten, dann auch im Kameradenkreis und privat. Das Geschehen jener Nacht ist wie allen anderen auch ihm unvergeßlich geblieben. Er und sein Kollege Morf waren es, die als erste mit den Russen Kontakt bekamen und auch Alarm schlugen, indem sie die Vorgesetzten unterrichteten. Instruktionsgemäß gingen sie in leichte Deckung und riefen „Halt! Schweizer Grenzwache!". Da das vordere gepanzerte Fahrzeug nicht reagierte, wurde gefeuert, berichtet er. Das weitere Geschehen ist bekannt. Man begleitete die Truppe nach Vorderschellenberg. Pedrazzi wörtlich: „Der Offizier, welcher uns begleitete, hatte ein langes, abgehärtetes Ledergesicht. Er sprach ein wenig deutsch und war zufrieden, daß für ihn und seine Mannschaft der

Krieg fertig sei. Er redete auch von der verlorenen Heimat und ungewissen Rückkehr. Gegen vier Uhr waren alle notdürftig versorgt. Als ich glaubte, mein langer Dienst höre nun endlich auf, wurde ich dazu abkommandiert, die in einer offenen Scheune angebundenen Pferde der Russen zu bewachen. Hungrig, in den nassen Kleidern frierend, verkroch ich mich in einer Ecke bei der Tür zum warmen Stall. Als der Bauer zur Viehfütterung kam, hatte er Erbarmen mit mir. Zuerst durfte ich mich im Stall aufwärmen, und nachher gab er mir ein währschaftes Morgenessen (kräftiges Frühstück). Gegen acht Uhr wurde ich abgelöst."

Zivilinstruktor Heinrich Habegger von der Grenzwachtrekrutenschule ist in dieser Nacht auf Kontrolltour im Abschnitt, da man im Wald von Schellenberg ständig Überläufer aufgreift, die die schwierige Geländebeschaffenheit durch ansteigenden und abfallenden Boden, Nässe und Schnee, dichten Bewuchs und die Dunkelheit ausnutzen wollen, sich in die Sicherheit der Neutralität zu begeben. Er besucht auch die beiden mit Karabinern bewaffneten Posten in Hinterschellenberg. Und während Grenzwache-Chef Dr. Wyss auf diesem Posten anruft, den Habegger gerade kontrolliert, hört man die Geräusche der soeben eintreffenden Truppe. Habegger bittet seinen Chef, am Apparat zu bleiben. Er gibt den Feuerbefehl und auch den Befehl zum Einstellen des Feuers und nimmt Kontakt mit dem General auf; mit wenigen Worten werden die Übergabemodalitäten besprochen. Die Truppe marschiert zur nahegelegenen Straßenlaterne – die Grenze befindet sich nahe dem Wohngebiet –, in deren Licht Waffen und Munition deponiert werden und sich die Menge sammelt. Nachdem die Übergabe in vollem Gang ist, geht Habegger wieder zum Telefon und bespricht sich mit dem noch wartenden Chef der Grenzwache in Schaanwald, der Verstärkung ankündigt.

Um 5 Uhr morgens erscheint Dr. Wyss dann auch persönlich, und zwar zusammen mit dem Fürsten. Grenzwachtgefreiter Morf, der die Schüsse abgab, mit denen anstelle des anvisierten Vorderreifens des ersten Fahrzeugs allerdings der Brunnen am Zollamt getroffen wurde, berichtet ähnliches, er ist froh, der Verantwortung für das Geschehen durch die Anwesenheit eines Vorgesetzten und dessen Befehle enthoben zu werden.

Oberleutnant Rogoschnikoff, General Holmston und Leutnant Neronoff im Garten des Gasthofs «Waldeck» in Gamprin, kurz nach der Ankunft.

In der „Wirthschaft zum Löwen", bei der heute ein Gedenkstein an dieses Geschehen erinnert, hatte Wirt Andreas Biedermann etwa 25 der genannten Grenzwachtrekruten aus Liestal als Einquartierung: „Im Saal hatten sie sich eingerichtet, ihre Küche hatten sie in der Waschküche. An jenem Abend ging alles sehr rasch. Man hörte einen Schuß, und schon wenige Augenblicke später kamen viele Leute herauf und standen überall herum. Im ersten Moment waren wir alle in großer Aufregung, da man glaubte, das Land sei besetzt worden! Eigentlich hätten wir ja auch evakuiert werden sollen, und wir hatten ja auch schon alles eingepackt – und nun waren die so plötzlich da!"

In den Akten des Liechtensteinischen Landesarchivs vermerkt sind 70 Offiziere, 161 Mannschaften, 7 Frauen, 20 Ehepaare, davon eines mit Kindern, drei Rot-Kreuz-Schwestern, 6 Krankenschwestern und 2 Buben, acht und neun Jahre alt, deren Mutter Krankenschwester war.

Erste Rast am Mittag des 3. Mai 1945 auf liechtensteinischem Boden. Die Erleichterung steht allen ins Gesicht geschrieben. Eine der seltenen Aufnahmen, auf denen übrigens auch einige der mitgereisten Frauen zu sehen sind.

Der General, pfeiferauchend, mit einem der Wagen, mit dem seine Truppe nach Liechtenstein gekommen war, in Gamprin im Mai 1945. Vorn ist die Fahne mit den russischen Nationalfarben befestigt.

Verhandlungen in der Küche

Bald darauf sei dann der General in Begleitung seiner Frau eingetroffen, und da wegen der Rekruten alle Zimmer belegt waren, wurden sie zusammen mit einigen Offizieren ins Hotel „Waldeck" in Gamprin gebracht und dort einquartiert. Biedermann: „Regierungsvertreter sind dann, in der gleichen Nacht, auch noch hier gewesen, und die ersten Verhandlungen wurden bei uns in der Küche geführt."

Der Mercedes der Stabsoffiziere, die im Gasthaus „Waldeck" in Gamprin wohnten, trug die Nummer WH 1142334. Zum Stab gehörten Adj. Oblt. Alexander Rogoschnikoft und 2. Adj. Lt. Georg Mironoff, Deckname Nironoff. Weitere Namen waren Major Graf Konownitzin, Major im Generalstab Prof. Eugen Moessner, ferner Leutnant Dr. Alexander Godillo-Godlewsky von Schubert, der am 6. 7. 1945 aus Angst vor Auslieferung (wegen Umgehung der Zensurbestimmungen) floh und dessen weiteres Schicksal nicht bekannt ist.

Im „Waldeck" war es auch, wo Holmston Besuch vom späteren General Alfred („Al") Gruenther bekam, der später, von Juli 1953 bis November 1956, NATO-Oberbefehlshaber Europa (SACEUR) wurde. Damals aber war Gruenther – vom Januar bis Oktober 1945 – Chef des Stabes der 15. US-Army Group (Oberbefehlshaber war General Mark W. Clark).

Wie bedient man eine Maschinenpistole?

Emil Marxer ist zusammen mit zwei anderen Hilfspolizisten an der Grenze in Schaanwald eingesetzt und muß dort die Flüchtlingsströme kontrollieren helfen. Da wird er zur Verstärkung zusammen mit weiteren Kameraden nach Schellenberg abkommandiert, zu diesem Zweck wird ein Zivil-Lastwagen „dienstverpflichtet" – es ist alles mehr oder weniger Improvisation, um so erstaunlicher, wie reibungslos eigentlich alles trotzdem klappt und wie gut die Disziplin ist. Emil Marxer erinnert

Daß die Internierten sich und ihre Kleider im eiskalten Ruggeller Dorfbach wuschen, faszinierte die Dorfbewohner. Das Bild entstand an einem der ersten drei Tage des Liechtenstein-Aufenthalts der Truppe.

sich auch an die Umstände der Abkommandierung: „Inzwischen erhielt jeder von uns eine Maschinenpistole mit dreißig Schuß im Magazin". Einem jungen Hilfspolizisten, der noch nie mit so einer Waffe zu tun hatte, zeigte der Polizeichef Brunhart noch schnell die nötigen Handgriffe, das war die ganze Instruktion. Wir sollten in Schellenberg Russen an der Grenze aufhalten... Als wir dann, auf einem Lastauto stehend und uns gegenseitig an den Händen haltend, bei mir zu Hause in Mauren Richtung Schellenberg vorbeifuhren, riefen einige der anderen: ‚Spring ab, Emil, spring ab, dann bist du zu Hause'! – „Das geht doch nicht, hier müssen wir alle gehen!' rief ich zurück. Während sich jeder seine eigenen Gedanken machte, raste das Lastauto nach Hinterschellenberg, voraus in einem Auto Polizeichef Brunhart." Nach scharfem Stopp unterhalb der St.-Georgs-Kapelle ist man am Ziel, es ist alles schwarz voll Menschen, berichtet Emil Marxer. Und: „Mein erster Gedanke: jetzt ist die Gefahr vorbei, jetzt stehen sie schon da, jetzt müssen wir sie nicht mehr aufhalten." Wir verteilten uns auf Befehl beidseits des Trupps. Vorne dran standen einige Offiziere mit auffallenden Uniformen." Nachdem alles geregelt ist, kann die Verstärkung wieder abziehen.

Die Schellenberger Franz und Theres Biedermann glauben wie einige andere auch zunächst, in Feldkirch habe es einen Luftangriff gegeben, und bei den vielen Menschen, die in der Tat ja auch allerlei merkwürdige Transportmittel bei sich tragen wie „geliehene" Schubkarren und Kinderwagen, handele es sich um Feldkircher Einwohner auf der Flucht. „Dann haben wir hinter den geschlossenen Fensterläden gehorcht und nichts von dem Gesprochenen verstanden. Wir sagten uns, daß das ja gar kein deutsch sei! Das hat uns erst recht verwirrt. Wir glaubten: Mein Gott, jetzt ist der Krieg auch bei uns!" Am nächsten Tag als sich die Waffen in großen Haufen bestaunen lassen, finden die Schellenberger von der Grenze her bis zu den Häusern massenweise Patronen. Vom Lärm aufgeweckt wird auch Gebhard Meier aus Schellenberg, der die ganze Sache etwas distanziert betrachtet zu haben scheint und mehr aus Neugier zum „Löwen" geht. Er bemerkt unter anderem: „Das ganze Haus war voll von Leuten. Mitten im Gang sah ich den General stehen. Es waren bereits auch schon einige Vertreter der Regierung anwesend. Unter ihnen war auch Regierungssekretär Nigg, der nach einer angeregten Diskussion die schmale Treppe hinauf in den oberen Stock stieg, um zu telefonieren."

Hurra, die Schule fällt aus!

Zweifellos war fast ganz Schellenberg in der einen oder anderen Weise durch diese überraschenden Ereignisse in diese Vorgänge einbezogen worden; später sollte es auch den Bewohnern anderer Dörfer des Liechtensteiner Unterlandes einschließlich Schaans zum Teil so ergehen. So wird auch der damalige Lehrer Georg Näscher geweckt, die Schulzimmer müssen ausgeräumt und mit Stroh ausgelegt werden, um provisorisch Unterkünfte zu schaffen. Selbstverständlich beklagt sich kein Schüler über den vorübergehenden Unterrichtsausfall... Emil Marxer aus Mauren als Hilfspolizist muß zum Beispiel einige Male die Personalien der Internierten aufnehmen, sie werden ja verschiedene Male umquartiert; „Mir fiel bald auf, daß Einzelne jedesmal andere Namen angaben, wohl aus Angst." Auch Paul Keel, damals Grenzwacht-Rekrut in Schellenberg, ist bei den im Schellenberger „Löwen" untergebrachten Rekruten: „Im Saal schliefen wir auf Stroh und Wolldecken. Aufgrund von Gerüchten wurden wir am 2. Mai von unseren Vorgesetzten in Alarmbereitschaft versetzt und angewiesen, in Uniform zu schlafen. Um ca. 23 Uhr kam der Befehl zum Einsatz. Ich wurde beauftragt, zusammen mit dem Grenzwachtgefreiten Leo Sieber die Entwaffnung der russischen Offiziere im ‚Löwen' vorzunehmen. Anschließend bewachte ich die ‚Mitläufer', die der russischen Einheit beim Grenzübertritt gefolgt waren und gegen Morgen in Schaanwald wieder über die Grenze abgeschoben wurden."

Offiziere auf Pilzsuche

Hilda Marxer, die ehemalige Wirtin des „Waldeck" in Gamprin, wird zusammen mit ihrem Mann Gebhard in der fraglichen Nacht telefonisch geweckt mit der Aufforderung, für über die Grenze gekommene Russen Zimmer bereitzustellen: „Natürlich brachte diese Meldung große Unruhe in unser Haus. Wir hatten Angst. Wir wußten nicht, was uns da erwartete. So um vier Uhr trafen die Leute bei uns ein. Beim Wagen, in welchem der General war, saßen vorne auf den Kotflügeln zwei Offiziere. Es war eine sehr kalte Nacht. Alle waren durchgefroren. Sie wärmten sich an unserem Ofen, den ich inzwischen eingeheizt hatte. Sie nahmen dann noch etwas zu sich, bevor sie zu Bett gingen. Der General, seine Frau, ein Oberleutnant, ein Leutnant mit seiner Frau, der Chauffeur, der deutscher Nationalität war, und der junge Bursche des Generals blieben dann so drei bis vier Monate bei uns. Es waren eigentlich sehr angenehme Gäste. Mir fiel auf, daß sie immer voller Angst waren. Sie waren sehr vorsichtig. Nie durfte ich ihr Zimmer betreten. Einmal kamen zwei französische Offiziere in voller Uniform. Durch die Hintertüre drangen sie in unser Haus ein und suchten sich selber, ohne irgend jemanden zu fragen, den Weg zum Zimmer des Generals. Was sie gewollt haben, weiß ich nicht. Auf jeden Fall hatten sie eine längere Besprechung mit dem General. Tagsüber machten unsere Gäste kleine Spaziergänge in den Wald. Gerne gingen sie auch auf Pilzsuche. Der General hielt sich aber hauptsächlich in seinem Zimmer auf."

General Holmston mit einigen seiner Stabsoffiziere nach dem geglückten Grenzübertritt. Links ein liechtensteinischer Polizist namens Marxer, rechts außen der Präsident des Schweizerischen Roten Kreuzes im Gespräch mit Dr. med. vet. Matt vom gerade erst aus der Taufe gehobenen Liechtensteinischen Roten Kreuz.

Man sieht den Männern die Erleichterung an, endlich ein wenigstens annähernd normales Dasein erleben zu können: Sie haben unendliche Strapazen hinter sich und sind nun außer Gefahr, in Kämpfe verwickelt zu werden. Das Bild entstand bei der Schellenberger Volksschule im Dorfzentrum.

Nachtgebetsgesang aus 500 Kehlen...

Alois Ritter, Schaanwald, war damals Schulleiter in Ruggell. Im Gedenkbuch sind die denkwürdigen Ereignisse von damals festgehalten. Darin schreibt er unter anderem: „Mitleidiges Volk kam von nah und fern und beschenkte die Hungrigen mit Eßwaren und Zigaretten. Zum Danke dafür machten die Russen allerlei Schnitzereien, wie sie heute noch in vielen Häusern hier vorhanden sind. Ergreifend war es, wenn sie, voll spürbarem Heimweh, ihre melodischen Heimatlieder sangen, oder wenn am Abend aus 500 Kehlen ihr herrlicher Nachtgebetsgesang in der lauen Maiennacht erklang.
Hier auf dem Schulplatze wurden zwei lange Baracken errichtet. Sie waren nicht immer gleich stark bewohnt, denn die meisten konnten bei Bauern eine Arbeit annehmen. Sie waren durchwegs willige Arbeiter. Für den Winter hätten die Baracken hier nicht genügt, und so kamen alle, die noch hier waren, in ein Winterlager nach Schaan.
Zur Weihnachtsfeier wurden auch die zurückgebliebenen Russen eingeladen, um ihnen auch ein bißchen Weihnachtsstimmung zu bringen. Einige Schüler entboten in russischer Sprache Weihnachtswünsche. Der H. H. Pfarrer und ein russischer Major hielten ergreifende Ansprachen. Zum Schlusse erhielten die Internierten viele Äpfel, Birnbrot, gedörrtes Obst usw. Eines muß man diesen Leuten lassen: Sie waren ehrlich und hatten Disziplin, so daß es im Dorf in diesen Belangen nichts zu klagen gab." Soweit die Ruggeller Schulchronik über die internierten Russen in den Jahren 1945 und 1946.

Nicolai Konkow und seine Kameraden Paul und Ivan.

Dieses Foto hat einer der Internierten aufgenommen. Es zeigt das Lager Schaan Anfang 1946.

„Die Bevölkerung hegte große Sympathie für die Russen"

Aus Schellenberg berichtet Adulf Peter Goop, damals führend in der liechtensteinischen Pfadfinderbewegung tätig, wie sie bereits am 3. Mai, dem Morgen der Ankunft, die erste warme Mahlzeit für die Russen bereiteten. Es ist überhaupt erstaunlich, daß innerhalb weniger Tage so vieles so wirkungsvoll organisiert werden kann – und zwar sowohl hinsichtlich der Verpflegung, als auch der Unterbringung und sonstigen Versorgung.

Goop berichtet: „Bereits um 10 Uhr an jenem 3. Mai hatten wir für die gesamte Mannschaft die erste Mahlzeit zubereitet. Wir hatten drei große Kupferkessel („Waschhäfen") hinter der Schule beim alten Spritzenhäuschen aufs Feuer gesetzt. Es gab bloß ein Eintopfgericht aus rasch zusammengebettelten Kartoffeln. Die Soldaten aßen aber mit großem Appetit. Bei der ersten Mahlzeit schlug ein Offizier einem alten Soldaten das Eßgeschirr aus der Hand. Ich wollte ihn zurechtweisen, doch der Offizier, der gut deutsch sprach, gab mir zu verstehen, der Soldat hätte ein zweites Mal geschöpft und damit schwer gegen die militärische Disziplin verstoßen. Der Soldat erhielt zwei Tage Arrest. Auf militärische Disziplin legten die Offiziere größten Wert. Jeden Tag besuchte General Holmston, der im «Waldeck» in Gamprin untergebracht war, seine Truppe in Schellenberg. Wenn das Auto von Holmston von Gamprin herfuhr, saßen auf dem Kotflügel vorne Offiziere in Uniformen der Deutschen Wehrmacht. Die Verpflegung der großen Mannschaft stellte uns auf die Dauer vor große Probleme. Wir hatten weder Geld, noch stellte man uns Lebensmittelmarken zur Verfügung. Die Russen hatten mehrere kleine Pferde und etliche Fuhrwerke mitgebracht. Damit klapperten wir das Unterland ab, um Eßbares aufzutreiben. Die Bevölkerung hegte große Sympathie für die Russen. So kamen die notwendigen Lebensmittel zusammen. Wir vermochten die großen Waschhäfen zwei- bis dreimal am Tag mit Kartoffeln, Eiern, Gemüse, manchmal auch mit etwas Fleisch zu füllen."

Am russischen Osterfest (nach gregorianischem Kalender) bereiten die

Von den Internierten angefertigte Gegenstände.

Schellenberger Pfadfinder den Russen eine unvergeßliche Überraschung: man hatte während der Karwoche 500 bis 600 Eier zusammengebettelt und gefärbt. „Am Ostermorgen überbrachten wir den Russen, für die Ostern das höchste Fest ist, die Ostereier auf einem 1 bis 1,5 Meter großen Blechteller, der noch von der Fürstenhochzeit her vorhanden war. Dazu sprachen wir den russischen Ostergruß, den wir eigens in russischer Sprache eingeübt hatten. Als ich einem Soldaten sein Osterei übergeben wollte, weinte dieser und umarmte mich... Für mich war die russische Sitte, daß Männer sich umarmen und küssen, ungewohnt. Dem zweiten hielt ich das Osterei aus sicherer Entfernung entgegen.
Die ganze Mannschaft sang bei Anbruch der Dämmerung das Abendgebet in russischer Sprache. Jeden Abend erschienen dazu viele Leute, denn es war ein eindrückliches Erlebnis. Am 10. Mai kamen alle Russen in das Lager in Ruggell. Sie erbettelten Draht, Stroh und anderes Material, woraus sie Körbe flochten, die sie der Bevölkerung um ein Taschengeld verkauften. Noch heute verwendet meine Mutter ein solches Drahtkörbchen, um ihren Schmuck aufzubewahren..."
Über ganz andere Erfahrungen kann der Ruggeller Franz Büchel berichten: „Vom 1. Juni bis 4. September war ein Russe namens Nikolaus bei uns. Er half uns bei der Arbeit mit. Melken konnte er allerdings nicht. Manchmal meinte er: ‚Bei uns Frauen melken'".
Am 22. Juli war in Ruggell ein Musikfest. Am anderen Tage erschienen nicht alle Musikanten zum Abräumen des Festplatzes. Dafür halfen einige Russen gerne. Nach der Arbeit haben wir ein paar Buben mit den Russen zu jenen Musikanten nach Hause geschickt, die sich beim Abräumen des Platzes drückten. Dort sollten sie für ihre Arbeit ein Mittagessen verlangen.
Bei dieser Truppe waren auch einige Deutsche. Diesen hat man gesagt, sie könnten vorläufig hierbleiben, falls sie irgendwo Aufnahme fänden. Die Hebamme Hilda Büchel hat sich damals um diese Leute gekümmert und ihnen Unterkünfte vermittelt. Als sie mich fragte, ob ich nicht auch einen aufnähme, war ich vorerst skeptisch. Am 29. Dezember 1945 kam einer selber zu uns und stelle sich als Richard Benz vor. Wir haben ihn aufgenommen und in der hinteren Kammer oben einquartiert. Bald

merkten wir, daß dieser Mann stark darunter litt, daß er den Kontakt mit seiner Frau und seiner Tochter verloren hatte. In seiner Kammer hörte er oft bis nachts um zwei im Radio sämtliche Vermißtmeldungen, in der Hoffnung, irgendeine Nachricht von seiner Frau vernehmen zu können. Nachdem er dann von uns weggegangen war, habe ich einige Jahre nichts mehr von ihm gehört. Er hat seine Frau aber wiedergefunden, und anfangs der fünfziger Jahre kam er mit ihr einmal zu uns auf Besuch. Bis zu seinem Tod haben wir mit ihm Kontakt gehabt!"

Während der Internierung gab es auch Hochzeiten und Taufen. Hier ein Erinnerungsfoto nach einer Trauung, die der orthodoxe Priester Tschuboff aus der Schweiz vorgenommen hatte. Links außen ein Schweizer Grenzwächter, rechts neben dem Priester der General, rechts außen ein liechtensteinischer Polizist. April 95 Schellenberg.

Seit 146 Jahren keine Soldaten mehr erlebt...

Einen anderen Aspekt beleuchtet der damalige Schulleiter Walter Kaufmann aus Schellenberg: „Die Sommerschule, welche am 30. April begann, mußte vom 3. bis 13. Mai wegen Einquartierung der in der Nacht zum 3. Mai über die deutsch-liechtensteinische Grenze gekommenen Russen eingestellt werden. Vor Wiederbeginn des Unterrichts wurde das ganze Schulhaus gründlich gereinigt und desinfiziert."
Machen wir wieder einen gedanklichen Zeitsprung und versetzen uns in diese Zeit als Beobachter der Situation zurück:
Nachdem der Überraschungseffekt etwas abgeklungen ist, steht das Land vor einer schwierigen Aufgabe, die weder Beispiele hat, noch vorbereitet werden konnte. Für einen Kleinstaat, der annähernd ähnliche Ereignisse, wenn auch negativer Art, nur mehr aus den Geschichtsbüchern kannte, sind diese 500 Mann ein technisch-organisatorisches, soziales und auch psychologisches Problem. Zum letzten Mal war Liechtenstein 1799 besetzt gewesen, als der französische General Masséna im Zuge der Koalitionskriege nach dem Sieg über die kaiserlichen Truppen in Graubünden mit seiner Hauptmacht durch Liechtenstein zog und bei Feldkirch zurückgeworfen wurde, woraufhin nachrückende österreichische Truppen das Land besetzten; und im Spätherbst des gleichen Jahres kamen die Reste der russischen Truppen des Generals Suworow durch Liechtenstein, an sie hat man wegen ihrer rücksichtslosen Verhaltensweise, die das Land schwer ausgeplündert zurückließ, noch heute in Liechtenstein keine gute „Erinnerung". Nochmals rückten Franzosen nach, es gab aber keine Kämpfe mehr auf liechtensteinischem Boden. Als Mitglied des Deutschen Bundes hatte Liechtenstein 80 Soldaten zu stellen, die das liechtensteinische Kontingent bildeten und 1866 an die Grenze zwischen Tirol und Italien entsandt wurden, in ihrer Stellung auf dem Stilfser Joch aber den Feind nicht zu Gesicht bekamen und nach sechs Wochen heimkehren konnten. 1868 wurde das liechtensteinische Militär durch Fürst Johannes II. endgültig aufgelöst.
1945 ist die Situation, wie aus dem bisherigen Text hervorgeht, eine ganz andere. Das militärische Moment ist nebensächlich geworden, das

politische rückt zunächst in den Hintergrund und soll erst etwas später an Brisanz gewinnen. Man steht vor der Aufgabe, den Armeestab, die Kader zweier Regimenter und eine Troßabteilung zu versorgen und sich bezüglich ihres weiteren Schicksals Gedanken zu machen. Da man zunächst annimmt, die Internierten würden sich nur eine kurze Zeit, sozusagen auf der Durchreise, in Liechtenstein befinden, bringt man sie, wie schon aus den Augenzeugenberichten hervorgeht, bei Privaten, in Schulen und Gasthäusern in Ruggell, Gamprin, Mauren und Schellenberg unter. Die Bevölkerung nimmt das mit erstaunlicher Gelassenheit zur Kenntnis. Es macht den Eindruck, als ob man im Zuge der dramatischen Ereignisse auf dem europäischen Kriegsschauplatz auch solches Geschehen irgendwie als normal ansieht, wobei natürlich auch eine Rolle spielt, daß man heilfroh ist, relativ ungeschoren den Krieg überstanden zu haben. Wer durch Radio und Presse informiert ist, ahnt allerdings, daß ein genauer Plan im Zusammenwirken mit Klugheit und gutem Willen vernünftig gebliebener militärischer Führer im OKH und viel „Glück" bewirkt hatten, daß die Russen buchstäblich in den letzten Tagen und Stunden des Zweiten Weltkriegs einem schlimmen Schicksal entronnen sind. Ohne General Holmstons Entscheidung allerdings, sich ausgerechnet nach Liechtenstein mit seinen Leuten abzusetzen, wäre es um die Ehrenrettung der europäischen humanistischen und christlichen Tradition schlecht bestellt gewesen...

Die Waffen schweigen!

Am Tag nach dem Grenzübertritt nach Liechtenstein, der in der Nacht vom 2. auf den 3. Mai erfolgte, am 4. Mai, ergeben sich alle deutschen Truppen in Nordwestdeutschland, Dänemark und den Niederlanden dem englischen General Montgomery; am Tag darauf kapituliert die Heeresgruppe des Generalfeldmarschalls Kesselring nördlich der Alpen. Im Hauptquartier des amerikanischen Generals Eisenhower im französischen Reims ergibt sich das Deutsche Reich am Morgen des 8. Mai um 2.41 Uhr bedingungslos.

In der Nacht vom 8. zum 9. Mai schweigen überall in Europa die Waffen.
Die Zeitung „Liechtensteiner Vaterland" informiert ihre Leser über eine auf den 8. Mai erlassene Anordnung der Regierung mit folgenden Sätzen: „Nachdem der Krieg endlich beendet ist, hat unsere Regierung angeordnet, daß in allen Gemeinden des Landes Dienstagabend von 7.00 Uhr bis 7.15 Uhr mit allen Glocken geläutet wird. Kommenden Sonntag werden in allen Pfarrkirchen des Landes Dankgottesdienste gefeiert. Wir haben reichsten Grund, diesen Dankgottesdiensten beizuwohnen. Wie durch ein Wunder sind wir durch den schrecklichen Weltkrieg heil und unversehrt hindurchgekommen..."

Nach dem Zusammenbruch des Dritten Reichs suchten manche Zuflucht in den neutralen Ländern Schweiz und Liechtenstein. Hier – Bildmitte mit Hut – Pierre Laval (geb. 28. 6. 1883). Der französische Politiker, wiederholt Ministerpräsident, hatte sich um Verständigung mit NS-Deutschland bemüht und ist nach Kriegsende in seiner Heimat wegen Zusammenarbeit mit Deutschland, wenige Monate nach dieser Aufnahme, am 15. 10. 1945 erschossen worden.

Verabschiedungsfeier für die Schweizer Grenzwächter in Schaan am 10. Mai 1945: Regierungschef Dr. Hoop begrüßte unter dem Jubel der Bevölkerung, die Generäle Hesdin, Kommandant der IV. Marrokanischen Gebirgsdivision (links im Bild neben Hoop) und Kommandeur De Villiers, Capitaine Leseur und Lieutenant Le Liberder. Der herzliche Empfang entsprang auch der Erleichterung, daß die Franzosen Liechtensteins Grenze respektiert hatten. Sie gehörten zur Ersten Armee General De Lattre de Tassignys. Die Männer General Hesdins waren der Truppe Holmstons schon in Memmingen nah auf den Fersen gewesen. In der Liechtenstein nächstgelegenen Stadt, im vorarlbergischen Feldkirch, erinnert noch heute die «Marokkanerstraße» an jene Tage.

Verabschiedung der treuen Schweizer Grenzwächter

Am 10. Mai 1945 wird die Schweizer Grenzwache, die Liechtenstein so entscheidend geholfen hatte, verabschiedet. Nachdem eine Musikkapelle die liechtensteinische Volkshymne angestimmt hat, singt das ganze versammelte Volk eine Strophe, und die Grenzwachttruppe singt die Schweizer Hymne. Noch während des feierlichen Gesanges trifft auf dem Schaaner Lindenplatz, wo die Feier stattfindet, ein französischer General in Begleitung mehrerer Herren ein und wird von der liechtensteinischen Bevölkerung mit großer Begeisterung begrüßt. Regierungschef Dr. Hoop empfängt den General der französischen Armee und seine Begleiter mit den Worten: „Ich habe die Ehre, den Teilnehmern dieser Feier bekanntzugeben, daß soeben ein General der ruhmreichen französischen Ersten Armee General De Lattre de Tassignys, die in ununterbrochenem Siegeszug bis an die Grenze unseres Landes gelangte, hier eingetroffen ist. Er ist General Hesdin in Begleitung der Herren Kommandeur De Villiers, Capitaine Leseur und Lieutenant Le Liberder. Ich entbiete Seiner Exzellenz herzlichen Gruß und danke ihm, daß die Truppen seiner Armee die Grenze unseres Landes so korrekt respektierten. Ich darf der Meinung Ausdruck verleihen, daß die schon glücklich angebahnten Beziehungen zwischen der französischen Besatzungsarmee und uns sich weiterhin angenehm und freundnachbarlich gestalten werden!"

Bis Mitte Mai besteht die Truppe General Holmstons als militärischer Verband weiter, also auch noch nach Kriegsende, allerdings war dies nur für den Status beziehungsweise für die Regelung des Alltagslebens der Männer von Belang, rein äußerlich bleiben sie zusammen und wahren auch die Disziplin. Lassen wir über jene Tage noch einmal den ehemals in der Truppe als Oberleutnant amtierenden Michail Sochin zu Wort kommen: „Hatten wir das Bedürfnis, ein Bad zu nehmen, so setzten wir uns einfach in das eiskalte Schmelzwasser des Kanals, das damals natürlich noch sehr sauber war. Die Leute waren sehr erstaunt über unseren unersättlichen Hunger nach Zwiebeln."

Bezüglich der Post für die Internierten ordnete der Schweizer Oberst Frutiger, Feldpostdirektor, Feldpostdirektion Bern Nr. 21.15.3 vom 11. 10. 1945 an, daß der Vermerk «Internierten-Lager Ruggell» auch für die Lager Vaduz und Mauren Gültigkeit habe.

Postkarte eines internierten Russen mit sinnreich verwendeten liechtensteinischen Briefmarken. Die Postkarten stammten aus der Schweiz, der liechtensteinische Stempel verrät die genaue Herkunft. Daß auch Postkarten mit so ungenügenden Adressenangaben den Empfänger erreichten, verdeutlicht, daß damals das Land weitaus weniger als die heutigen 30 000 Einwohner hatte.

Die „Repatriierungskommission" kommt nach Vaduz

Sochin berichtet auch über die Ankunft der aus Moskau angereisten sowjetischen „Repatriierungskommission", die die Aufgabe hatte, alle Russen, gleich welcher Herkunft, unter allen Umständen zur Reise in die UdSSR zu bewegen. Dies ungeachtet der Tatsache, daß zahlreiche dieser Russen nie Sowjetbürger gewesen waren, hatte doch ein großer Teil von ihnen die Revolution im Ausland erlebt oder war gar nicht in Rußland wohnhaft gewesen. Sochin: „Am Sonntag, den 28. August, wurden wir alle in Vaduz versammelt. Es sollte über unser weiteres Schicksal entschieden werden. Die russische Kommission, die seit einiger Zeit im Land weilte, drängte mit allen Mitteln auf unsere Auslieferung. Diesem Begehren wurde nicht stattgegeben. Aus Sicherheitsgründen wurde unsere Truppe auseinandergenommen. 28 Mann wurden in der Turnhalle in Vaduz einquartiert. Die Ranghöchsten schickte man wieder nach Ruggell ins Lager. Sechs Offiziere, darunter auch ich, wurden im Gefängnis in Vaduz in Schutzhaft gesteckt, wo wir die nächsten drei Monate verbringen sollten... Am 28. November traf bei uns der russische Botschafter in Frankreich, Herr Bogomolow, ein und verlangte von uns einen schriftlichen Verzicht auf die russische Staatsbürgerschaft. Während des Winters logierten dann auch wir in der Turnhalle in Vaduz. Tagsüber arbeiteten wir am Rheindamm. Es war eine sehr harte Arbeit. Im März 1946 wurde unser Quartier in das neu errichtete Lager nach Schaan verlegt. Hier war alles bestens organisiert. Die meisten von uns waren orthodoxen Glaubens. Regelmäßig feierten wir zusammen Gottesdienst. Im Sommer 1946 und 1947 fand ich wieder Arbeit auf einem Bauernhof bei den Geschwistern Hemmerle in Vaduz. Es waren sehr gute Leute. Sie nahmen mich auf wie einen eigenen Sohn. Unsere Arbeitgeber hatten Fr. 60,- monatlich für uns an die Regierung zu zahlen. Zusätzlich gaben sie uns ein Trinkgeld von Fr. 2,– bis 3,– täglich. Was dies damals für diese Kleinbauern bedeutete, kann man sich vorstellen." Die Kommission aus Sowjetoffizieren, die sich eingehend mit den Internierten befaßt und in ihrer „Freizeit" das Land besichtigt, besteht nicht nur aus Militärs, denn Internierte – siehe Umschlagbild – erkennen in einem in Armeeuniform auftretenden Offizier einen Angehörigen des berüchtigten sowjetischen Geheimdienstes. Der damalige Hilfspolizist Adelbert Konrad: „Öfters hatte die russische Repatriierungskommission Kontakt mit den russischen Soldaten. Sie versuchte, die Leute zur ‚Rückkehr in die Heimat' zu überreden".

„Viele waren von ungeheurem Heimweh geplagt. Ich erinnere mich an einen blutjungen Estländer, der mich immer wieder bestürmte: ‚Konrad, was ich machen? Mir gleich, wenn ich kaputt. Nur noch einmal Papa und Mama sehen!' Viele haben bei ihrer Abreise beteuert, mir eine Karte oder einen Brief zu schreiben. Bis heute habe ich von keinem ein Lebenszeichen erhalten..."

Nachdem die Soldaten vom damaligen Landesphysikus und ihrem eigenen Lagerarzt untersucht worden sind, wurde ihnen eine entsprechende Arbeit zugewiesen. Die kräftigen Burschen mussten Kies schaufeln, die anderen fanden Arbeit bei Bauern. Am Abend hatten sich alle wieder im Lager einzufinden. „Wollten sie eine größere Anschaffung machen, Schuhe oder ein Kleidungsstück, so stellte ich ihnen für den benötigten Betrag eine Gutschrift aus, welche das betreffende Geschäft bei der Regierung wieder einlösen konnte.

Der Hygiene wurde im Lager größte Aufmerksamkeit geschenkt. Regelmäßig wurde sie durch das Schweizerische Rote Kreuz und durch die YMCA, eine andere humanitäre Organisation, überprüft. Es gab jedoch nie Beanstandungen. Nach gut zwei Jahren sollte die erste Gruppe nach Argentinien abreisen. Gruppe für Gruppe geleitete ich zuerst nach Zürich, um sie dort untersuchen zu lassen. Dann fuhren wir mit ihnen bis nach Genua. Ein Streik der Hafenarbeiter verzögerte die Einschiffung. Schwierigkeiten gab es auch, weil ein Offizier nur noch ein Auge hatte, und den wollte man nicht nehmen. Nachdem sich dann unsere Regierung eingeschaltet hatte, konnte auch dieses Problem gelöst werden."

Bevor wir uns weiter der sowjetischen Kommission zuwenden, noch eine Schilderung von Frieda Goop aus Schellenberg, die sich genau ihrer einquartierten Russen erinnert: „Ich nahm zuerst einen kleinen

Kosaken names Iwan auf. Er beeindruckte durch seine Reitkünste auf einem kleinen russischen Pferd. Dann kam Michael Rowatschewski zu uns. Er half uns bis in den Spätsommer bei der Feldarbeit, beim Turbenstechen (=Torfstechen) und anderen Arbeiten. Mit seinem Freund Alex Konopatow gehörte er dem Offizierskorps der Truppe an. Um seine Abkunft und seinen wirklichen Namen machte er stets ein Geheimnis. Er betonte immer wieder, in Wirklichkeit etwas ‚Höheres' zu sein, was erst noch an den Tag kommen werde. Alex Konopatow, sein Freund, war Ingenieur und scheint als solcher einen guten Ruf gehabt zu haben. Es sollen ihm sämtliche Pläne für den Tunnelbau von Triesenberg nach Steg zur Überprüfung ins Unterland heruntergebracht worden sein."

Zum Thema „Repatriierungskommission" berichtet die Augenzeugin u.a.: „Auch bei Iwan überwog das Heimweh die Angst vor der ungewissen Zukunft. In unserer Stube stritten sich Michael Rowatschewski, einige andere Kameraden und Iwan heftig darüber, ob man den sowjetischen Delegierten glauben dürfe oder nicht. Iwan ließ sich von seinem Entschluß, heimzukehren, nicht mehr abbringen. Ich gab ihm einen Briefumschlag mit meiner Adresse mit und wies ihn, der nur schlecht deutsch sprach, genauestens an, wie er mir über sein Ergehen schreiben solle. Ich erhielt nie einen Brief von ihm..."

„Einige Russen, die gegen die sowjetischen Delegation aufgetreten waren und in diesem Sinne auf ihre Kameraden eingewirkt hatten, wurden auf Drängen der Sowjets ins Gefängnis gebracht. Zwei davon, Michael Rowatschewski und Alex Konopatow, suchten sich über längere Zeit zu verbergen. Sie fürchteten die Auslieferung an die Sowjetunion, weil sie deren Delegation immer wieder heftig angegriffen und deren Versprechungen offen als Lügen bezeichnet hatten.

Anstehen zum Essenfassen: In Liechtenstein waren die Lebensmittel ebenfalls knapp, und die Rationen für die Internierten standen genau fest. Die sogenannte Repatriierungskommission aus Moskau war zunächst gekommen, weil sie angebliche Vorwürfe überprüfen wollte, ihre Landsleute bekämen zu wenig zu essen. Als sich zeigte, daß diese, die keineswegs alle Sowjetbürger waren, nicht in die UdSSR ausreisen wollten, behauptete die Kommission, den Leuten gehe es zu gut...

Auf dem Dachboden versteckt...

Die Sowjetdelegation verlangte die Überstellung dieser ‚Renitenten'. Michael befand sich an dem Tag, als der Erlaß zur Sammlung erging, gerade bei General Holmston in Gamprin und setzte sich vom ‚Waldeck' aus direkt in den Wald ab. In der folgenden Nacht kam er zu mir ins Haus und rief immerzu: ‚Ich nicht gehen, ich nicht gehen!' Drei Tage hielt sich Michael bei uns über der Veranda auf dem Dachboden versteckt. Nachts schlich er sich verkleidet zu Alex Konopatow, der sich ebenfalls versteckt hatte, um sich mit ihm zu besprechen. Vierzehn Tage verbarg sich Michael darauf bei Frau Dr. Walser in Schaan. In der Dunkelheit kam er öfter wild vermummt zu uns, lachte und rief, wenn er in die Küche trat: ‚Mich nicht kennen!' Alex wurde schließlich verhaftet. Vom Gefängnis in Vaduz aus rief er mich an. Michael solle sich doch stellen, es bestehe keine Gefahr mehr. Er könne sich auch nicht dauernd von fremden Leuten aushalten lassen, ohne selber zu verdienen. Ich ließ Michael das nach Schaan berichten, worauf er uns in der folgenden Nacht besuchte, unschlüssig, ob er sich nun stellen solle oder nicht. Nachdem er bei uns übernachtet hatte, stellte er sich anderntags der Polizei.
Nach mehreren Wochen im Gefängnis wurden Alex und Michael dann in die Lager der übrigen gebracht. Schließlich wanderten sie zusammen mit den anderen Russen nach Argentinien aus, von wo sie nach einigen Jahren in die Vereinigten Staaten übersiedelten. Ich hatte noch einige Zeit Briefwechsel mit Michael Rowatschewski. In New York heiratete er Lotte Weil, die er schon in Schellenberg kennengelernt hatte. Sie hatte mit ihren Eltern in Vaduz gewohnt und in den ersten Tagen bei der Verpflegung der Russen in Schellenberg mitgeholfen. Später war sie mit ihren Eltern nach Amerika ausgewandert. Alex Konopatow heiratete die Deutsche Maria Weiss, die er ebenfalls schon in Liechtenstein kennengelernt hatte!"

Aufschlußreich sind auch diese Auszüge aus den Gesprächsprotokollen zwischen der sowjetischen Repatriierungskommission und den Inter-

nierten:
29. 11. 1945, Landtagssaal Vaduz: Major Federoff und die russischen Internierten, anwesend ferner Polizist Gantner und die Dolmetscher zivian und von Falz-Fein: Chamjarew: „Ich bin seit 1939 in der Roten Armee und seit 1941 Kriegsgefangener.»
Federoff: „Wollen Sie hierbleiben?"
C: „Ja. Ich besitze keine Familie in Sowjetrussland, ausser meinem Bruder, der in der Roten Armee dient.
F: „Also Ihr Entschluss ist endgültig?"
C: „Jawohl, ich werde auf keinen Fall zurückkehren."
Federoff an Jaroff: „Haben Sie einen Bruder?"
J: „Nein."
F: „Wie ist Ihr militärischer Rang?"
J: „Kapitän. Ich bin von Krasnodar und besitze keine Familie. Mein Vater ist seit 1923 tot. Meine Geschwister auch. Ich will auf keinen Fall nach Hause, weil Sie uns unsere Rückkehr nicht sichern können. Ich weiss gut genug, daß die rückkehrenden Sowjetinternierten in Finnland zu Hause erwartet hat."
Jaroff erzählt Major Federoff Einzelheiten über diesen Fall. Der Major, sehr nervös, fragt:
„Und Sie glauben diesen Schwindel?"
J: „Natürlich!"
Ähnlich äussern sich Wassili Alexejeff, Pavel Bodubni, Alexander Tuljakoff, Alexej Tscherkassoff, Andrej Kulenko, Nikolaus Timoschenko („Ich will nicht sprechen, und wenn ich spreche, werde ich nur lügen, ich will endgültig herbleiben, da ich in Russland nie ein Leben gehabt habe und auch nie haben werde."). Viele berichten, die Sowjets hätten ihre Väter nach Sibirien verschleppt. Verhört werden auch Nikita Patalacha und ein gewisser Ostopenko („Bin Kriegsgefangener seit 1941, war aber nie in der Roten Armee." „Wieso?" „Sage ich nicht, es ist auch nicht mein richtiger Name, den brauchen Sie auch nicht zu wissen. Meine Heimat ist auch nicht Sowjetrussland, ich habe in Rumänien gelebt und studiert."), Etliche weigern sich, mit dem Major zu sprechen. Die Stimmung ist angespannt, der Major wird wütend, weil einer

der Befragten rauchen will und sich dies mit dem Hinweis, er sei keine Militärperson mehr, nicht verbieten lässt, ein anderer wird von seiner Frau am Arm weggezogen (es waren auch einige mit ihrer Frau dabei). Gamangow und Frau sagen, sie seien keine Sowjetbürger und wohnten in Polen, sie hätten ihre Kinder verloren und würden sich riesig freuen, sie wiederzusehen. „Fahren Sie dann doch nach Hause!"
„Nein! Auf keinen Fall!"

Bei einer Besprechung Federoffs mit Regierungschef Alexander Frick am 5. 12. 1945, in Anwesenheit der beiden genannten Dolmetscher und des Schriftführers Elkuch, berichtet Federoff von einer an die Schweiz übergebenen Note vom November, in der mitgeteilt wurde, daß die Sowjetdelegation in der Schweiz abberufen worden sei, General Wichoreff bleibe oberster Leiter der Repatriierungskommission für die Schweiz, solle aber in Moskau Bericht erstatten, nach seiner Rückkehr würde die Kommission ihre Arbeit fortsetzen. Er nennt dann verschiedene Gründe dafür, daß die Sowjetunion über Liechtensteins Verhalten in einigen Fällen befremdet sei, weil Liechtenstein „nicht loyal" gehandelt habe. Während des ganzen Aufenthalts in der Schweiz sei diese der Sowjetunion „in jeder Hinsicht entgegengekommen", er glaube, daß auch die Regierung des Fürstentums Liechtenstein in jeder Hinsicht entgegenkommend sein werde. Die Auslieferung Holmstons und seines Stabes, insgesamt 59 Personen, als Kriegsverbrecher könne nicht erfolgen, weil die Sowjetkommission trotz wiederholter Aufforderung dafür bislang die Beweise schuldig geblieben sei.

Erschwert wurde das sowjetische Auslieferungsbegehren auch dadurch, daß Holmstons Einheiten die einzige russische Truppe waren, die von Anfang bis Ende Bestandteil der deutschen Wehrmacht waren.
Laut Brief vom 1. 2. 1946 der Fürstlichen Regierung am Zolldirektor Spitz, Chur (Schweiz) gehörten der ersten sogenannten „Repatriierungskommission" an Oberstleutnant Chominsky, Major Simlin, Dolmetscher Peter St. und der Schweizer Soldat Franz Bühler aus Bern als Chauffeur. Später seien sie ersetzt worden durch Major Federoff (Kom-

mandierender Vertreter der Kommission) und Dolmetscher Zvian, der aber nur kurze Zeit da war. Für die Hotelkosten kam Liechtenstein auf, es habe sich allerdings um für das Land ernorme Beträge gehandelt.

Es gab auch andere unvorhergesehene, heute erheiternd wirkende, damals aber dramatisch erscheinende Vorkommnisse. Eines davon zeigt, wie die Bevölkerung über die Delegation aus Moskau dachte. So war am 7. 10. 1945 im „Vaduzer Hof" eine Tanzunterhaltung. Die „Russen-Delegation" (also die Sowjetdelegation) nahm daran teil. Oberstleutnant Chominsky hängte seine Mütze auf, aber als er nach Mitternacht gehen wollte, war die Mütze verschwunden. Schon während der Nacht und am ganzen darauffolgenden Sonntag herrschte grosse Aufregung. Die Delegation erhob starke Forderungen nach Steckbriefen, Verhaftung usw. Schliesslich wurde die Mütze im Dorfbrunnen gefunden. «Ein Schweizer Hutmacher musste von der Regierung beauftragt werden, die Mütze zu ersetzen. Die Kosten gingen selbstverständlich zu Lasten des Staates.» Daß man von offizieller Seite bemüht war, die Kommission pfleglich zu behandeln, um zu zeigen, daß man wohl einen festen Rechtsstandpunkt habe, aber keine Feindschaft gegenüber der UdSSR hege, zeigt auch der Umstand, daß der Fürst am 20. 8. 1945 dem Kommissionsleiter einen Gamsbock zum Abschuss freigab.

1946: Beisetzung eines nach Krankheit gestorbenen Internierten auf dem Friedhof des liechtensteinischen Hauptortes Vaduz. In der Bildmitte links hinter dem Priester General Holmston.

Die Waffen: verschrottet, versenkt, versteckt

Wenn am Anfang die Rede davon war, daß die Russen schwerbewaffnet nach Liechtenstein kamen, so drängt sich die Frage auf, was aus diesen Waffen geworden ist. Nach offizieller Version wurden sie unbrauchbar gemacht und für vier Rappen pro Kilo als Schrott verkauft, ein Teil sei ins Landesmuseum gekommen, der Rest im Bodensee versenkt worden, vor allem die Munition. Das ist sicher richtig, zumal der Verfasser Gelegenheit hatte, einen Teil der Waffen – vom Karabiner bis zur MP – im Landesarchiv zu sehen. Trotzdem ist in Liechtenstein bekannt, daß einige Waffen, als jene Aktionen anliefen, bereits „fehlten". Volkstümliche Erklärung dafür: es waren unsichere Zeiten, Fleisch war knapp und die Wilderertradition alt. Gehört oder gesehen hat solche Waffen natürlich niemand, wenngleich einige Exemplare noch in dieser oder jener Stube im Schrank aufbewahrt werden sollen... Es ist einiges, was da an Fahrzeugen und Waffen ins friedliche Liechtenstein gekommen ist:

An Material registrierte der zur Bestandsaufnahme durch Liechtenstein befugte Schweizer Zoll am 7. 5. 1945 in Vaduz zum Beispiel 45 Kisten Munition, 23 Handgranaten, 235 Langgewehre, 14 Karabiner, 9 Maschinenpistolen, 30 Maschinengewehre, 87 Pistolen, 18 Bajonette, einen Dolch, einen Kosakensäbel und zwei Gasmasken. Am 28. 8. 1945 registrierte man am schweizerischen Hauptzollamt Buchs Bahnhof nebst Pferden 10 Automobile, 1 Motorrad, 14 Herrenfahrräder, 3 Damenfahrräder, 2 zweirädrige Pferdefuhrwerke, 1 Federbrückenwagen, 1 Vorderwagen, 2 zweirädrige Karren, 6 zweirädrige Handkarren, 4 vierrädrige Handleiterwagen, 3 vierrädrige Handbrückenwagen, 1 Reitsattel mit Packtasche aus Leder, 1 Pferdegeschirr aus Leder, 1 Vorsteherhund (Name: „Tell") sowie Waffen und Munition und die seidene weiß-blau-rote Fahne der Armee.

Russisch-orthodoxe Feldmesse für die Internierten in Ruggell. Zelebrant und seelsorgerlicher Betreuer war der russische Priester Tschuboff, der jeweils aus der Schweiz anreiste.

Prominente Besucher beim General

Nachdem er sich weitgehend und wie dies unter den provisorischen Gegebenheiten eben möglich ist, etabliert hat, bemüht sich General Holmston um Kontakte zu allierten Stellen. Doch das geht zunächst nur zäh vonstatten; die durch Auslieferungen belasteten Briten lassen kühle Ablehnung erkennen und teilen auf inoffiziellem Weg ihr Desinteresse mit. Noch scheint das Zweckbündnis der Alliierten mit den Sowjets mehr zu wiegen als alles, was mit den Deutschen zu tun gehabt hatte. Aber die Zeiten ändern sich und mit ihnen die Ansichten und politischen und historischen Erwägungen. Und so reisen von diesem ersten Nachkriegsjahr an bis 1947 prominente Besucher nach Liechtenstein, um sich mit dem General zu unterhalten: es hat sich herumgesprochen, welch interessante Persönlichkeit da im kleinen Liechtenstein sitzt. Interessant nämlich nicht allein aus persönlicher Sicht, sondern auch hinsichtlich ihrer Kenntnisse über die deutsche Heeres- und Kriegsführung. Viele dieser Besucher kommen mit den offiziellen liechtensteinischen Stellen, den Behörden, gar nicht erst in Kontakt, weil die Einreise nach Liechtenstein über die offene Grenze zur Schweiz möglich ist. Manchmal erfährt man erst nach der Abreise, wer sich da aufgehalten hat. So besucht den General der militärische Korrespondent des US-Hauptquartiers, Kennedy, sein Kollege vom belgischen Armee-Oberkommando, ferner der Chef des Stabes des US-Generals Mark Clark, des Oberbefehlshabers der alliierten 15. Heeresgruppe in Italien, der US-Generalkonsul Sam E. Woods, der amerikanische Senator Kenneth S. Wherry, Allan Dulles, der Leiter des amerikanischen Nachrichtendienstes in Europa, und der Engländer Liddell Hart, einer der bedeutendsten Militärwissenschaftler des 20. Jahrhunderts.

Und dann sind da natürlich auch noch die anderen, bereits erwähnten Besucher, die sich als „Repatriierungskommission" bezeichnen lassen, obwohl der Staat, den sie repräsentieren, keineswegs für alle Osteuropäer, die ihnen ausgeliefert wurden, die Heimat ist. Viele wurden im zaristischen Rußland geboren oder außerhalb der Sowjetunion, in beiden Fällen ist das bestehende Rußland in ihren Augen eben nicht ihre

Heimat. Dazu gehören auch jene, die aus von der Sowjetunion okkupierten ehemals freien Ländern stammen und die keineswegs dorhin zurückwollen, solange dort die Sowjets herrschen, selbst, wenn sie dies nicht mehr erleben sollten. Zumal sie ja befürchten müssen, aufgrund von Gesetzen, die erst nach ihrem Weggang entstanden sind, verurteilt zu werden. Interessant ist dieses Thema deshalb, weil die sojetische Kommission, die nach Liechtenstein kam, zwar von der Schweiz gerufen wurde – indirekt –, dies aber von den Sowjets sorgfältig geplant gewesen war. Denn weil die Schweiz selber Russen – unter anderen – interniert hatte, deren Ausreise in die UdSSR aber nicht erzwingen wollte, wenn sie dies auch sicher als für die Schweiz problemloseste Lösung ansehen würde, drängte sich eine Lösung auf. Die Sowjets hatten nämlich behauptet, die Schweiz behandele die Russen schlecht. Was lag also für die Schweiz näher, als die Sowjets aufzufordern, dieses zu beweisen oder sich selber vom Gegenteil zu überzeugen? Eine solche Kommission kommt nun also auch nach Liechtenstein. Und sie hat, wie dies schon in der Schweiz geschah, auf diese Weise die beste Gelegenheit, genau festzustellen, wer da alles noch existiert und wem sie ihr besonderes Interesse schenken könnte. Und damit der Schweizer Wunsch nach dem Besuch einer sowjetischen Kommission auch nachdrücklich genug als wichtig erscheinen möge, hatte Moskau „Gegenmaßnahmen" gegen Schweizer Bürger in der UdSSR angekündigt, wenn nicht bewiesen werden könne, daß es den „festgehaltenen", von der Schweiz angeblich schlecht behandelten Landsleuten gut gehe. Die Schweiz hätte gemäß einem beiderseitigen Abkommen mit Liechtenstein die Russen auch übernehmen können, vertrat aber die Ansicht, daß in diesem Fall Liechtenstein durchaus selber damit fertigwerden könne, und diese Meinung wurde auch vom souveränen Liechtenstein selbst vertreten.
So lädt also nun die liechtensteinische Regierung ebenfalls eine solche Kommission ein. Diese erscheint Mitte August 1945 und fordert bekanntlich die zwangsweise Auslieferung aller, die vor dem 20. 2. 1941 in Rußland gewohnt haben. Offensichtlich wendet sie hier bereits gemachte Erfahrungen bezüglich der Erfolgsaussichten für weitergehende Forderungen an. Die Situation ist sehr gespannt, wie auch schon

aus den vorhergehenden Zeugenaussagen hervorgeht. Insofern muß der Kommission die Entlarvung eines ihrer Mitglieder als NKWD-Mann sehr ungelegen kommen, doch kann sie sie nicht leugnen. Der „Enttarner" hatte den Geheimpolizisten in Moskau gekannt. Als Dolmetscher amtiert in Regierungsauftrag Eduard von Falz-Fein, ein mit dem zaristischen Rußland durch Verwandtschaft verbundener Liechtensteiner. Er übersetzt für General Holmston, der sich weigert, mit Offizieren der Roten Armee zu sprechen: Zur offensichtlichen Wut der Sowjetoffiziere: „Ich spreche nicht die gleiche Sprache, wie diese Leute!" Ein Wortspiel, doch nicht nur das: als alter Fuchs mit allen Wassern nachrichtendienstlicher Finten gewaschen, gewinnt er so auch zusätzliche wertvolle Zeit zum Überlegen, weil zwischen Frage und Antwort immer erst eine „Übersetzung" erfolgen muss. Die Repatriierungskommission sieht sich bald veranlaßt, von Versprechungen zu Drohungen überzugehen, wechselt diese Taktik aber immer wieder nach Gutdünken. Auch sie steht schließlich unter Erfolgszwang. Dabei geht sie von falschen Voraussetzungen aus, wenn sie meint, der Wunsch der Schweizer Regierung und vielleicht zunächst auch der liechtensteinischen, daß das Problem durch die freiwillige Ausreise der Russen in die UdSSR am besten gelöst sei, könne, wenn die Internierten nicht wollten, ganz einfach zwangsweise gelöst werden.

Diese Männer, die aus einem System kommen, in dem der Zweck die Mittel heiligt, verstehen ganz einfach nicht, warum eine Regierung das, was sie vielleicht für richtig hält, dann nicht auch selbstverständlich durchsetzt, und das natürlich über die Köpfe der Betroffenen und des Volkes hinweg. Verwirrt sein muß die Kommission auch, weil zwar ihrem Wunsch, einige „renitente" Internierte ins Gefängnis zu stecken, nachgekommen wird, es dabei dann aber bleibt. Die Internierten selber merken bald, daß ihnen angesichts der sowjetischen Drohungen im Moment nichts Besseres passieren kann... Natürlich ist der psychische Druck für die Internierten groß. Immerhin werden sie bald von diesem Druck befreit, indem sie sehen und erleben, wie sehr die Bevölkerung hinter ihnen steht und daß in diesem Land die Regierung tatsächlich aus

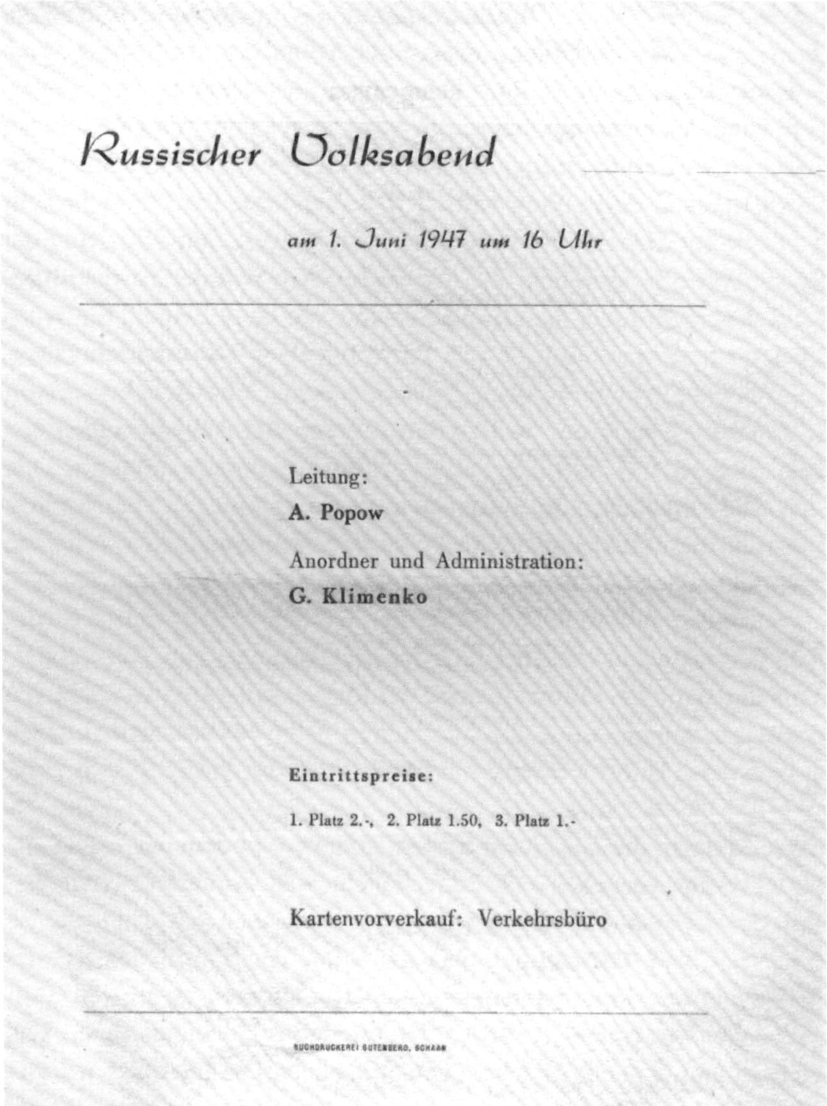

Russischer Volksabend

am 1. Juni 1947 um 16 Uhr

Leitung:

A. Popow

Anordner und Administration:

G. Klimenko

Eintrittspreise:

1. Platz 2.-, 2. Platz 1.50, 3. Platz 1.-

Kartenvorverkauf: Verkehrsbüro

BUCHDRUCKEREI GUTENBERG, SCHAAN

Am 1. Juni 1947 veranstalteten die Internierten in Vaduz einen russischen Volksabend. Auf dem Programm standen unter anderem Chordarbietungen, Balalaika- und Orchestervorträge, Zigeunertänze sowie ein Lustspiel mit Gesang und Tanz. Hier ein Programmblatt.

Programm

I. Teil

1. Chor unter Leitung von A. Tschorny
   a) Abendglöckchen
   b) Zwölf Räuber
   c) Nehme ich die Bandura
   d) Mein Wegchen
   e) Wolgalied

2. Balalaikaorchester unter Leitung von A. Popow
   a) Marsch, „Heimweh"
   b) „Erinnerung an die Mandschurei," Walzer
   c) Potpourri russischer Volkslieder
   d) „Mondschein"

3. Baritonsolo von S. Lissenko
   a) „Geh ich allein den Weg . . ."
   b) „Ich erinnere mich an einen Walzer aus alten Zeiten"

4. Bandurasolo mit Kosakenlied von A. Tschorny

5. „Lubok" Humoristischer Volksgesang, Frau N. Neronow u. A. Popow

6. Akkordeon-Solo von A. Popow
   a) Zigeunerromanze
   b) Mazurka von Weniawski

7. Zigeunertanz von N. Dudinow

Conferencier: G. Gorlin und J. Salamaj

Eine Spielszene des Unterhaltungsabends vom 1. 6. 1947 mit Natascha Neronowa und Hauptmann Popow.

dem Volk heraus kommt und seine Stimme im wahrsten Sinne des Wortes beachtet, weil sie sonst nämlich ganz einfach in freien Wahlen nicht mehr gewählt wird. Die Sowjetoffiziere sind außerdem sehr verärgert über die Duldung offener Opposition ihnen gegenüber. Sie sind wütend, daß sie keine Macht haben und daß sie sich nicht der Regierung als Instrument zur Erreichung ihrer Ziele bedienen können. Allerdings geht ihre Rechnung hinsichtlich jener Russen auf, die heimwehgeplagt sind und sich deswegen selber etwas vormachen, gefördert durch entsprechende Zusagen über Straffreiheit oder rein formelle und ganz milde Strafen, gegeben von den Sowjetoffizieren der Kommission. Von diesen Unglücklichen hat man nie wieder etwas gehört, im Gegensatz zu jenen, die in ein freies Land ausreisen konnten, wie dies ja auch die Augenzeugenberichte und noch vorhandene Dokumente und Briefe belegen. Genaugenommen verhielt sich die Regierung streng nüchtern, als sie zwar jenen Begehren der Kommission nachgab, die deren offiziell zulässige Arbeit betrafen – also Isolierung der in Frage kommenden Russen von den anderen Internierten und Arbeitsentzug –, nicht aber zugleich eine zwangsweise Auslieferung veranlaßte. Dies mußte den Sowjets als unlogisch erscheinen, war es aber natürlich nicht. Erleichtert wurde die Entscheidung zur Rettung der Internierten, die ja ohnehin schon feststand, auch durch den Umstand, daß man überall inzwischen genau wußte, wie es den anderen ergangen war, die sich „repatriieren" ließen. Und noch etwas geschieht, das ganz Liechtenstein unmißverständlich vor Augen führt, um was es hier geht: Die Angst vor einer Auslieferung mit – den meisten klar – schrecklichem Ausgang führt zu einem zeitweiligen Hungerstreik. Die Kommission verlangt schließlich kategorisch die Auslieferung General Holmstons, den sie als Kriegsverbrecher bezeichnet, außerdem will sie 59 Offiziere seines Stabes haben. Aufgefordert, den Beweis für diese Behauptungen zu erbringen, etwa durch Vorlage entsprechender Dokumente, weicht sie aus. Sie kann damit auch nie aufwarten. Nun droht die Kommission sogar offen der Regierung selber und kündigt für den Fall weiterer Weigerungen außenpolitische Repressalien der UdSSR gegenüber Liechtenstein an. Trotzdem lehnt man in Vaduz weiterhin entschieden ab. Erfreulicherweise

Diese Männer waren die Rechtfertigung der sowjetischen Repatriierungskommission gegenüber Moskau dafür, daß sie nicht vergeblich nach Liechtenstein gereist war: es sind jene Männer, die sich zur Rückkehr bzw. Einreise in die Sowjetunion überreden ließen. Ein tatsächlich letztes (!) Erinnerungsbild. Zu Propagandazwecken halten sie ein Transparent und eine Stalin-Fotografie hoch, die die sowjetische Kommission mitgebracht hatte, als habe sie diesen «größten Wunsch» der «irregeleiteten» Landesleute geahnt... Nicht bei allen will allerdings bei dieser Szene so rechte Fröhlichkeit aufkommen. Das Bild entstand am Bahnhof in Buchs, dem gegenüber dem liechtensteinischen Schaan liegenden Schweizer Dorf.

steht die Regierung nicht allein, die Bevölkerung bekräftigt ihre Haltung durch Demonstrationen. Kurzzeitige Gerüchte, ein maßgeblicher Vertreter des Staates wolle die Internierten der Schweiz und zu deren Verfügung überstellen, rufen Empörung hervor; mit Sensen und Heugabeln bewaffnet verlangt man die strikte Unterlassung eines solchen Vorhabens.
Auch die Kirche unterstützt die Forderung nach Asylgewährung und Schutz für die Russen. Die Haltung der sich auf das Evangelium berufenden Geistlichkeit wird auch seitens der Kirchenbehörden unterstützt. Überliefert ist so auch der an Pfarrer Johannes Tschuor in Schaan ergangene Auftrag der Bischöflichen Kurie in Chur, zu dessen Bistum Liechtenstein gehört, gegen eine Auslieferung der Russen in Vaduz Protest einzulegen, falls diese geplant sei. Er solle an das Wort erinnern, daß man Gott mehr gehorchen müsse als den Menschen.

In den „Nachrichten der Kameradschaft des 15. Kosaken-Kavallerie-Korps" der ehemaligen deutschen Wehrmacht (Nr. 47, Weihnachten 1984) heisst es u. a..: „Doch war es Papst Pius XII., der bereits 1945 die zwangsweise Repatriierung von Russen kritisierte und verriet, daß den Sowjets im Abkommen von Jalta in einer Geheimklausel die Auslieferung ihrer Landsleute zugesichert worden war."

Die Sowjetkommission verfolgt, wie sich nachher zeigte, die Vorgänge in Liechtenstein genau: Kaum sind die inzwischen abgehaltenen Neuwahlen vorüber, taucht die zwischenzeitlich abgereiste Kommission wieder auf. Inzwischen war aber auch eine Delegation des Internationalen Roten Kreuzes aus Genf erschienen und setzte sich für die Flüchtlinge ein.

Am 21. 5. 1945 besichtigte eine Delegation des Internationalen Komitees für Emigranten das Lager Ruggell: Georges Buschreiter, Generalsekretär aus Bern, und Graf Lubomirsky, polnischer Delegierter.

Trotz allem aber bleibt die Sowjetkommission zunächst hartnäckig.

Zeitweilig verlangt sie sogar, daß man den Kontakt zwischen Bauern und Klerus einerseits und den Internierten andererseits verhindern solle. Auch dieser Forderung gibt die Fürstliche Regierung nicht nach. Als die Kommission sieht, daß sie im Prinzp bezüglich ihres Zieles, an die Internierten heranzukommen, keinen Schritt weitergekommen ist, erklärt sie, daß zwei ihrer Offiziere so lange in Liechtenstein bleiben würden, bis die Angelegenheit in ihrem Sinne erledigt sei. Doch damit nicht genug: die gleichen Offiziere, die sich zuvor entrüstet auf das Völkerrecht berufen hatten, auf Grund dessen diese Russen Kriegsverbrecher seien, verlangen nun, – auf einmal! – daß die Schweiz – unter Bruch des Völkerrechtes, da sie als Okkupant käme – ein Bataillon ihrer Armee nach Liechtenstein entsenden solle, um die Internierten gewaltsam an die Sowjetunion auszuliefern. Vollends absurd wird es, als sie sich sogar zu der Forderung versteigen, den Internierten die ohnehin schon kargen Lebensmittelrationen zu kürzen, da die Internierten nur deswegen nicht abreisen wollten, weil es ihnen zu gut gehe! Die Bevölkerung weiß es besser. Auch eine weitere Forderung wird abgelehnt: Die Liebesgaben-Paket-Übermittlung an die Internierten müsse eingestellt werden, da diese nicht nur weitere Nahrung, sondern auch antisowjetische Zeitungen enthielten. Aber: Aus dem Gefängnis Vaduz schreibt ein Offizier: „Niemand von uns übertritt die Grenze der von der Roten Armee besetzten Zone lebend!" Immer wieder konsultiert die Regierung in dieser Zeit auch die Schweiz, die Liechtenstein ihrer Solidarität versichert. Man ist sich darin mit der Schweiz einig, daß eine Auslieferung unter keinen Umständen erfolgen müsse und schließlich die schweizerische und die liechtensteinische Gesetzgebung den Begriff „Kriegsverbrecher" gar nicht kenne. Außerdem sei das Recht des eigenen Landes anzuwenden, nicht das eines anderen!

Die einzige Sprache, die sie verstehen...

Zwar reist die Sowjetdelegation schließlich ab, man läßt aber durch die immer wieder erfolgende Entsendung eines sowjetischen Offiziers aus Bern nicht locker. Auch das nützt aber nichts. Schließlich geben die Sowjets auf.

In einem Gespräch mit dem Verfasser meinte General Holmston mehr als drei Jahrzehnte später zu diesem Thema, er teile die Auffassung des Fürsten Franz Josef II. von Liechtenstein, daß die einzige Sprache, die die Sowjets verstünden, ihre eigene sei; hartem, entschlossenem Auftreten zollten sie Respekt. Ob sie es nun eingesehen haben oder nicht – auf jeden Fall hatte die entschlossene und feste Haltung in diesem Fall Erfolg gehabt. Wenn etliche der Internierten die gleiche Festigkeit gehabt hätten, und nicht – wenn sie es auch aus verständlichen Gründen taten –, den Versprechungen der Kommission gefolgt wären, würden sie heute noch leben.

Eine bei Diskussionen über die Kriegs- und Nachkriegszeit immer wieder auftauchende Frage, die nach der Disziplin innerhalb dieser Truppe, läßt sich auch erklären. In der Tat waren ja die Verhaltensweisen der Rotarmisten in den von den Sowjets eroberten oder kontrollierten Gebieten berüchtigt, und viele Menschen sahen im „Russen" ein Synonym für Schrecken, Terror, Angst, für Disziplinlosigkeit schlechthin, obwohl es ja auch Ausnahmen gab. Das disziplinierte Verhalten der „liechtensteinischen Russen" dagegen war dazu ein Kontrast sondergleichen, schließlich war man sich ja sehr nahegekommen, die Menschen erkannten einander als Menschen, nicht mehr als anonyme, fremde, nicht zu verstehende Uniform. Diese Disziplin von Menschen verschiedenster Herkunft – der Erziehung und Ausbildung nach waren es ja Monarchisten wie Kommunisten – basierte auf gewissen ungeschriebenen Gesetzen, wie sie zum Beispiel unter Soldaten und Offizieren gleicher Nationalität in fremder Gefangenschaft gelten. Und auch der General hatte feste Vorstellungen davon, wie er seine Aufgabe beenden wolle. Die Militärinternierung mußte gemäß internationalem Recht zu einem bestimmten Zeitpunkt abgeschlossen werden.

Am 12. Dezember 1945 erläßt er daher einen Tagesbefehl – den letzten in seiner langen militärischen Laufbahn –, in dem er der Truppe und seinen Offizieren befiehlt, die Uniform abzulegen. Dabei bemerkt er, daß das Entfernen der Rangabzeichen (worin dieses Uniformablegen mangels ausreichender Kleidung zunächst besteht) die innere Ordnung und Disziplin im gegenseitigen Verkehr nicht beeinträchtigen dürfe. Und dieser Bestimmung, die ja streng juristisch gesehen eigentlich nur noch eine Bitte sein konnte, leben die Russen nach. Im großen und ganzen gibt es keine Schwierigkeiten, jedenfalls sind keine festgehalten worden.
Gleichzeitig mit der Auflösung der Truppe informiert der General die Regierung offiziell von diesem Schritt und erklärt auch seinerseits seine Aufgabe als Befehlshaber dieser Truppe für beendet. In einem offenen Brief dankt er später über die Zeitungen des Landes der Bevölkerung im Namen seiner ganzen Truppe und schließt mit den Worten: „Möge der Heilige Gott das Fürstentum Liechtenstein segnen!" Ein Satz, den er 35 Jahre später zum Abschluß einer neuerlichen Dank enthaltenden Rede bei der Enthüllung des aus diesem Anlaß in Schellenberg errichteten Gedenksteins wiederholt.

Boris Graf Smyslowsky alias General Holmston in Liechtenstein, Jahrzehnte später, bei seinem ersten Zusammentreffen mit jenen Schweizern, die damals als Grenzwachtrekruten Liechtensteins Grenze zu sichern halfen.

Es gibt auch Familienleben im Lager

Die Zahl der Internierten schmilzt ständig. Nicht nur in die Sowjetunion, sondern auch in andere Länder und Gebiete, vorwiegend in die nahe französische Besatzungszone, sind bereits zahlreiche Ausreisen erfolgt. Schließlich beträgt die Zahl der Internierten in Liechtenstein 146. Das neue Jahr 1946 bringt den Internierten nur Ungewißheit; schwierig ist auch die Unterbringungsfrage geworden. Das Interesse der Öffentlichkeit ist zugunsten der Bewältigung eigener Probleme geringer geworden. Das wirkt sich dank guter Organisaiton zwar nicht nachteilig auf die Versorgung der Internierten aus, aber sie sind mehr auf sich allein gestellt als früher. In der Bevölkerung geht man daran, die Wirtschaft wieder anzukurbeln; politisch beginnt man, sich mit jenen Liechtensteinern auseinanderzusetzen, die sich als Freiwillige zur Deutschen Wehrmacht gemeldet und am Krieg teilgenommen hatten. (Einige von ihnen waren auch am sogenannten Rußland-Feldzug beteiligt oder hatten in den Reihen der Waffen-SS im Fronteinsatz gestanden.) Da die Zahl der Internierten also nun kleiner und ihre Unterbringung schwieriger geworden ist, beschließt die Regierung, die Lager Gamprin und Ruggell aufzuheben und die Internierten in ein Sammellager in Schaan zu bringen. Daß das Leben auch im Lager weitergeht, verdeutlicht die Tatsache, daß dort inzwischen fünf Kinder geboren worden sind, von denen übrigens vier russisch-orthodox getauft wurden und eines mohammedanisch benannt wurde. Taufen, Trauungen – auch die gab es – hatte ein jeweils aus der Schweiz angereister russischer Priester vorgenommen. Inzwischen bemüht sich der General weiter intensiv um eine neue Heimat für die ihm anvertrauten Männer, die ihm vertrauensvoll durch dick und dünn gefolgt waren. Interessant sind die Spekulationen über ihr Schicksal, die die Internierten selber anstellen: einerseits haben sie gemerkt, daß sich die Regierung in Vaduz zusammen mit dem Fürsten und mit dem Rückhalt seiner Unterstützung nicht von Moskau einschüchtern ließ, andererseits erfahren sie durch ihre Kontakte zur Bevölkerung und durch Zeitungsmeldungen, daß immer noch ausgeliefert wird in Europa. Aber viele Staaten sind es nicht, die antikommuni-

stische Russen aufnehmen möchten, denn erstens sind die Sowjets als Alliierte noch präsent, und zweitens weiß man um ihre Macht. Einen Affront, den man noch dazu nicht unbedingt nötig hat, vermeidet man da eben gern. Anders denkt der argentinische Staatschef Juan Perón, der mit diesen Männern allein schon deswegen sympathisiert, weil sie der Deutschen Wehrmacht angehört haben, außerdem kann man diese Männer, unter denen viele Spezialisten sind, gebrauchen. Über die Vermittlung der deutschen russisch-orthodoxen Kirche kommt schließlich eine Einwanderungsgenehmigung nach Argentinien zustande. Das Land erklärt sich bereit, insgesamt 24 000 Russen aufzunehmen, unter ihnen jene aus Liechtenstein, für die sich Perón persönlich interessiert hatte. Die Kosten dieser Auswanderung übernimmt Liechtenstein, sie betragen inklusive der Visagebühren pro Person ca. 1300 Franken. Später erstattet die Bundesrepublik Deutschland als Rechtsnachfolger des Deutschen Reiches diese Kosten dem liechtensteinischen Staat zurück, ebenso die anderen entstandenen Kosten. Das weiß zum Zeitpunkt der Ausreise allerdings noch niemand; ein solcher Beschluß wäre damals auch noch nicht möglich gewesen, weil die heutige Bundesrepublik bekanntlich in vier Besatzungszonen unterteilt war, in denen voneinander unabhängige Militärregierungen das Sagen hatten, einschließlich der Sowjets.
Eine Zeitlang hatten die Russen die verantwortlichen Persönlichkeiten des Landes stark in Anspruch genommen, erst jetzt sind die Probleme langsam überschaubarer, als es sich letztlich nur noch darum handelt, die ganze Sache ordnungsgemäß zum Abschluß zu bringen. Doch eine Sorge erwies sich als grundlos: zu Schaden gekommen ist während des Aufenthaltes im Fürstentum Liechtenstein keiner der Internierten. Die Reise derer, die sich für die Sowjetunion entschieden hatten, endete, wie gesagt, zumindest ungewiß. Denn es ist kaum anzunehmen, daß sie dem unendlich oft bewiesenen Ende ihrer durch verschiedene Staaten ausgelieferten Schicksalsgenossen entgangen sein sollen. Nach beruhigenden französischen Erklärungen hatten sich diese Personen über Feldkirch zur Ausreise in die UdSSR entschlossen; Staatenlose und Ostarbeiter hatten außerdem angeblich sowieso nichts zu befürchten, was sich eben-

falls meist als Trugschluß entpuppte. Von den diesen Weg wählenden 237 Personen aus dem Fürstentum Liechtenstein, die nicht nach Argentinien reisen wollten, kehrten vier wieder ins Lager zurück, weil die Bedenken dann doch überwogen, die zwei Polen und der Engländer waren sofort nach dem Grenzübertritt über die Schweiz heimgereist.

Eine schicksalsträchtige Episode geht zu Ende

Zum Zeitpunkt der hier geschilderten Ereignisse war Liechtenstein noch ein armes Land und die monatlichen Internierungskosten von 30 000 SFr. bei weitem keine Kleinigkeit; immerhin kamen an Kosten für das von den Kriegsfolgen wirtschaftlich gezeichnete und mit Versorgungsschwierigkeiten kämpfende Land SFr. 449 298,– zusammen, die dann aber, wie schon erwähnt, von Bonn zurückgezahlt wurden, und zwar in drei Raten bis 1956. Dabei war die Nahrung ebenso bescheiden wie die eines großen Teils der Bevölkerung gewesen. Pro Mann und Tag gab es im September 1945 1/10 l Vollmilch oder 1/2 l Magermilch (für Frauen 4/10 l Vollmilch), 500 g Brot, 400 g Kartoffeln, 40 g Magerkäse, 20 g Suppeneinlagen und 16 g Zucker. Für Kranke gab es nach ärztlicher Verordnung Sonderzuteilungen. Zudem gab es monatlich vier Eier und zweimal wöchentlich 50 g Fleisch. Nach heutigen Begriffen also keineswegs eine besonders abwechslungsreiche und luxuriöse Ernährung. Die offizielle Auflösung der Armee war am 18. Mai 1945 auf Anordnung der Regierung im Einvernehmen mit ihrem Befehlshaber erfolgt. Nun ist es soweit: die Stunde des Abschieds rückt näher. Sie schlägt für den letzten der Russen am 20. Februar 1948, 2 1/2 bis 2 3/4 Jahre hatten sie im unfreiwilligen Interniertendasein in Liechtenstein gelebt, einem Land, das der größte Teil von ihnen vorher nicht einmal dem Namen nach kannte. In dieser Zeit aber hatten sie, nach eigenen Aussagen, mehr an christlicher Nächstenliebe erfahren, als in all den Jahren zuvor. Sie kamen als Fremde und gehen nun als Freunde. Viele, sehr viele von ihnen schämen sich nicht ihrer Tränen in diesem Augenblick.

Am 22. September 1947 findet eine offizielle Abschiedsfeier statt, zu der der russische General seine liechtensteinischen Freunde einlädt. Und sie kommen alle gern, an der Spitze Landtags-, Regierungs- und Behördenvertreter. Herzlich dankt der General allen, die ihm und seinen Leuten geholfen haben, er tut dies mit Überzeugung und sichtlicher innerer Bewegung. Schriftlich hat er bereits zuvor dem Regierenden Fürsten Franz Josef II. seinen Dank abgestattet, später faßt er seinen Dank an die Regierung noch einmal schriftlich in Worte. Am 1. Oktober 1947 verläßt er zusammen mit seiner Gattin Liechtenstein. Die Auswanderungswilligen wurden, wie gesagt, in Genua verschifft. Der General und seine Gattin aber müssen mit dem Flugzeug reisen: ein Wink der Amerikaner hatte ihnen bedeutet, niemand könne garantieren, daß Italien sie nicht an die Sowjets ausliefern würde. Über diesen Mann urteilt der Historiker Grimm später: „Wie seine späteren Veröffentlichungen zeigen, beschäftigte sich Holmston über das Fachgebiet des Generalstabsoffiziers hinaus mit Weltsicherheitsproblemen sowohl vom militärischen, als auch vom philosophischen Aspekt. Hierbei überrascht nicht nur sein Allgemeinwissen, sondern auch sein unbestechliches Urteil über die nach dem Krieg entstandene Weltlage." Der Verfasser kann diese Aussage bestätigen, konnte General Holmston doch in vielen Gesprächen in seinem Heim in Vaduz immer wieder Zeitungsartikel und Zeitschriftenaufsätze aus verschiedenen Ländern und im Auftrag angesehenster Institute und Verlage vorlegen, die außerdem in andere Sprachen übersetzt wurden. In Argentinien betätigte er sich als Militärpublizist, als Lehrer an der argentinischen Generalstabsakademie und als Bauunternehmer. Mit der Starthilfe eines illegitimen Sohns des letzten deutschen Kaisers wurde er zusammen mit seinen ehemaligen Soldaten zu einem erfolgreichen Häuserbauer. Dann kehrte er in die Bundesrepublik zurück, später lebte er in Frankreich, schließlich kehrte er dorthin zurück, wo auch seine beinahe lebenslange militärische Laufbahn ihr Ende gefunden hatte, nach Liechtenstein.

Am 2. März 1948 meldet das Fürstlich-Liechtensteinische Sicherheitskorps der Fürstlichen Regierung in Vaduz: „Alle Internierten haben das Land verlassen."

Mit den Worten «Möge der heilige Gott das Fürstentum Liechtenstein segnen!» endete die Ansprache Holmstons am 3. Mai 1980 in Schellenberg anläßlich der Gedenksteinenthüllung unterhalb der «Wirthschaft zum Löwen». Links Gräfin Irene Holmston-de Smyslowsky, neben ihr der Verfasser. Ganz rechts außen der damalige Erbprinz und heutige Fürst Hans-Adam (helles Jackett).

Epilog

Bei seinem ersten Besuch in Liechtenstein, der vor der Öffentlichkeit und Presse geheimgehalten worden war, war der russische Dissident Alexander Solschenizyn Gast von Fürst Franz Josef II. und besuchte anschliessend seinen Landsmann Graf Smyslowsky, der als General Holmston nun in Vaduz lebte. Bei diesem Besuch brachte Solschenizyn Holmston Familienfotos, vor allem von seinen Eltern, mit. Das waren Stücke aus Solschenizyns Archiv, das er erstaunlicherweise mitnehmen konnte, als er die UdSSR verlassen musste. Und weil er in seinem Buch «August 1914» Grossvater und Vater Smyslowskys als positiv herausragende Persönlichkeiten im zaristischen Offizierkorps erwähnt hat, besass er auch dieses Material. Holmston war tief bewegt über diese Überraschung. Immerhin hatte er ja seinerzeit seine Heimat in einfacher Soldatenuniform und ohne etwas mitnehmen zu können, verlassen müssen, was nur dank der als österreichische Rotkreuzdelegierte arbeitenden Nora Gräfin Kinsky, Mutter der späteren Gattin des Fürsten Franz Josef II. von Liechtenstein, Fürstin Gina, möglich gelesen war. Beim Treffen in der Wohnung des Generals war auch der einzige neben ihm in Liechtenstein lebende Adjutant des Generals, Michail Sochin, anwesend. Solschenizyn konnte sich aber sprachlich mit ihm nicht mehr verständigen, denn Sochin, ein charaktervoller und gewissenhafter Mann, der in Liechtenstein eine neue Heimat gefunden und eine Familie gegründet hatte, beherrschte, seit Beginn der Internierung um die unmöglich gewordene Rückkehr in die Heimat wissend, seine einstige Muttersprache nicht mehr ausreichend. Das macht zweifellos auch die grosse Tragik des Krieges deutlich, in dem Menschen dazu gezwungen werden, sich eine neue Identität zu suchen. Solschenizyn hat dieses Erlebnis sehr betroffen gemacht. Er konnte es zunächst gar nicht fassen, die Kenntnis der näheren Umstände nur liess ihn verstehen.

Quellennachweis

Folgenden Personen und Institutionen wird für die Zurverfügungstellung von Bildmaterial gedankt:

General A. Holmston-Smyslowsky†, Vaduz

„Liechtensteiner Vaterland" Vaduz

Michael Sochin†, Eschen

Liechtensteinisches Landesarchiv, Vaduz

Liechtensteinisches Landesmuseum, Vaduz

Photo Quick, Vaduz

Emil Brunner, Schweiz

Hansjörg Büchel, Schellenberg

Georg Näscher, Gamprin

Oskar Oehri, Vaduz

Werner Meier, Schellenberg

Cathrine Wolf, Vaduz

Die weiteren Bildautoren sind nicht mehr feststellbar gewesen. Für die Mitwirkung bei der Erstellung des Hintergrundmaterials gebührt folgenden Personen Dank: Werner Meier, Werner Marxer, Eugen Hasler und Peter Oehri (alle Kulturkommission der Gemeinde Schellenberg). Die von den Internierten angefertigten Gegenstände sind von mehreren Einwohnern Liechtensteins zur Verfügung gestellt worden, denen für die Überlassung zu Fotografierzwecken ebenfalls Dank gebührt, ebenso allen jenen, die mit wertvollen Auskünften und Hinweisen die nach so langer Zeit schwierigen Ermittlungsarbeiten für das Manuskript erst ermöglicht haben.

Holmston Arturo (Boris Graf Smyslowsky): „Auf magischen Wegen", Buenos Aires 1948.

„Krieg und Politik" / „War and Politics", New York, All Slavic Publishing House Inc. 1957

„La Guerra Nazi-Sovietica", Buenos Aires 1948.

„Krieg und Politik" („Woinia i politika"), New York 1957

„Isbranne statji i rjetschi" (Ausgewählte Aufsätze und Reden), Buenos Aires 1953

Grimm Claus, Prof. Dr.: „Internierte Russen in Liechtenstein", in Band 71 des Jahrbuches des Historischen Vereins für das Fürstentum Liechtenstein, Vaduz.

Kinsky Nora, Gräfin: „Russisches Tagebuch", Seewald-Verlag Stuttgart 1976.

Tolstoy Nikolai: „Die Verratenen von Jalta" („The Victims of Jalta"), Englands Schuld vor der Geschichte. Langen Müller München, Wien 1977.

„Geheime Kommandosache". Hinter den Kulissen des Zweiten Weltkriegs. Verlag Das Beste Stuttgart, Zürich, Wien 1965.
Rings Werner: „Kollaboration und Widerstand", Europa im Krieg 1939 - 1945. Verlag Ex Libris Zürich 1979.
Hoffmann Joachim Dr.: „Die Ostlegionen, 1941-1943". Einzelschriften zur militärischen Geschichte des Zweiten Weltkriegs Bd. 19. Hrsg.: Militärgeschichtliches Forschungsamt, Freiburg/Brsg., Rombach Freiburg 1976.
–: „Die Geschichte der Wlassow-Armee". Einzelschriften zur militärischen Geschichte des Zweiten Weltkriegs Bd. 27. Rombach Freiburg 1984.
Metternich Tatjana: „Bericht eines ungewöhnlichen Lebens". Verlag Goldmann, TB, 4. Aufl. 1984.
Toland John: „Das Finale" (The Last 100 Days). Die letzten 100 Tage des 2. Weltkrieges. Buchclub Ex Libris Zürich 1968.
Thorwald Jürgen: „Die Illusion", Rotarmisten in Hitlers Heeren. Droemer Knaur 1974.
Bethell Nicholas: „Das letzte Geheimnis" („The Last Secret"). Die Auslieferung russischer Flüchtlinge an die Sowjets durch die Alliierten 1944 - 47, Ullstein Frankfurt, Berlin, Wien 1974.
„La politique pratiquée par la Suisse à l'égard des réfugiés au cours des années 1933 à 1955". Rapport adressé au Conseil fédéral à l'intention des conseils législatifs par le professeur Carl Ludwig, Bâle.
Archiv General Holmston.
„Liechtensteiner Vaterland" Jahrg. 1945, 1946, 1947, 1948, 13.7.76, 17.7.76, 20.10.76, 2.12.77, 28.12.77, 11.2.78, 7.3.78, 2.6.78, 26.1.79 u.a.
„Liechtensteiner Volksblatt" Jahrgang 1945, 1946, 1947, 1948.
Frhr. v. Vogelsang Henning: „Nach Liechtenstein – in die Freiheit", Schellenberg 1980.
Peschke Franz Eduard Dr.: „Ausländische Patienten in Wiesloch 1939 - 1982". Schicksal u. Geschichte der „displaced persons" u. „heimatlosen Ausländer" in der Heil- u. Pflegeanstalt, dem Mental Hospital u. d. Psych. Landeskrankenhaus Wiesloch.
Zimmermann Horst: „Die Schweiz und Großdeutschland", 1980. Verlag Wilhelm Fink, München.
Wenzel Edgar M.: „So gingen die Kosaken durch die Hölle". Heidrun – Buchproduktion, Wien 1976.
Frhr. v. Vogelsang Henning: „Kriegsende in Liechtenstein", Freiburg 1985

Weitere Zeitungs- und Zeitschriftenartikel sowie Tonaufzeichnungen aus dem Archiv des Autors.